Die Bucketlist für glückliche Hund-Mensch-Teams

Sandra Handschuh

Du und dein Hund Verlag

DU UND DEIN HUND
VERLAG

Druck: Amazon Deutschland oder Partner

Der Druck erfolgt in chlorfreier Tinte und das säurefreie Papier für den Innenteil des Buches wird von einem Anbieter mit Forest Stewardship Council-Zertifizierung bezogen. Alle Abfälle, die beim Drucken entstehen und im Büroalltag anfallen, werden ordentlich recycelt und verwertet. Zudem werden in der Zukunft weiterhin Prozesse stattfinden, um die Umweltfreundlichkeit zu versichern. Damit verpflichtet sich der Druckpartner Amazon und seine Partner dazu, seinen Teil zum Umweltschutz beizutragen.

Wir haben uns bewusst für den Druck durch Amazon entschieden - denn so werden nur die Bücher angefertigt, die auch benötigt werden. Unser Verlag verzichtet zudem auf überflüssigen Schriftverkehr und wickelt alle Prozesse digital ab. Dies spart Ressourcen und schont die Umwelt!

ISBN: 978-3-911040-18-1

Sandra Handschuh

Die Bucketlist
für glückliche Hund-Mensch-Teams

100 unvergessliche Erlebnisse und liebevolle Challenges,
die eure Bindung stärken und einzigartige Erinnerungen schaffen.

DU UND DEIN HUND
VERLAG

Der „Du und dein Hund Verlag“ ist ein leidenschaftlicher Spezialverlag für Sachbücher und Ratgeber rund um das Thema Hund. Wir möchten insbesondere dich als Hunde-Einsteiger dabei unterstützen, einen entspannten Alltag und eine vertrauensvolle Bindung mit deinem vierbeinigen Freund zu genießen. Alle unsere Inhalte sind daher leicht verständlich und absolut für Einsteiger geeignet!

Natürlich bieten unsere Bücher auch für erfahrenere Tierliebhaber mit dem zweiten oder dritten Hund viele wertvolle Impulse und nützliches Wissen.

Unsere Philosophie: Wir verstehen, dass Hunde von Natur aus sensible Wesen sind und das Verhalten des Menschen widerspiegeln. Daher kannst du dich darauf verlassen, dass alle unsere Bücher auf liebevoller, aber konsequenter Erziehung basieren. Jeglichen bestrafenden Erziehungsmethoden kehren wir den Rücken. Ganz nach dem Motto: Harmonische Beziehung statt gewaltsame Erziehung!

Wenn du mehr über den artgerechten und liebevollen Umgang mit Hunden erfahren und die Beziehung zu deiner Fellnase zu einem unzertrennbaren Band aufzubauen willst, schaue dir gerne die weiteren spannende Bücher aus dem „Du und dein Hund Verlag“ auf Seite 169 an.

Viel Freude beim Lesen und Umsetzen!

Vorwort

Ohne die Liebe zu deiner Fellnase hättest du dieses Buch nicht in der Hand. Wie sehr du deinen Hund liebst, kannst du ihr oder ihm am besten durch ein glückliches Hundeleben voller Abenteuer, Leckereien und gemeinsamer Momente beweisen. Nicht zuletzt ist dein Hund außerdem glücklich, wenn du glücklich bist, und umgekehrt. Deshalb nimmt euch dieses Buch mit auf eine Reise, die euer Zusammenleben nachhaltig bereichern soll. Durch gemeinsame Erlebnisse stärkt ihr eure Bindung, genießt jeden Tag miteinander bewusst und bereichert euren Alltag – von der täglichen Gassi-Runde bis hin zu den ganz großen Momenten. Egal, ob ihr gerade gemeinsam auf dem Sofa relaxt, einen ganz normalen Spaziergang macht, auf Reisen seid oder ein kreatives Bastelprojekt starten wollt: In diesem Buch findest du Tipps für jede Gelegenheit, um eure Zeit zu zweit noch ideenreicher zu gestalten – für Abwechslung, Auslastung und Spaß ein ganzes Hundeleben lang.

So verwendest du dieses Buch:

- Blättere durch die Seiten und suche dir aus, wonach dir und deinem Hund gerade ist.

- Befolge die Anweisungen oder wandle alles nach euren Vorlieben ab. Es gibt keine Regeln!

- Macht alles in eurem Tempo und so, wie es euch am besten gefällt.

- Genießt eure gemeinsamen Abenteuer und habt Spaß.

*„Mein Hund folgt aufs Wort!
Ich weiß nur nicht, auf welches."*

Hunde-Humor. Autor unbekannt

Eure Bucketlist

6. Von wegen, Liebe kann man nicht kaufen 131

7. Zum Schluss noch ein ganzes Jahr 151

Ihre Meinung ist uns wichtig. Was können wir verbessern? Hat der Fehlerteufel zugeschlagen? Schreiben Sie einfach eine formlose Mail an verlags.kontakt@gmail.com und teilen Sie uns Ihren persönlichen Eindruck mit.

DU UND DEIN HUND VERLAG

Aus Liebe zur Umwelt verzichten wir auf viele Fotos & Farbdruck.

Draußen ist des Hundes Wohnzimmer

Outdoor-Abenteuer

Jeder Spaziergang ist ein Abenteuer!

So mancher meint, Hunde gehören nicht in die Stadt. Da der Hund jedoch zum Menschen gehört, zählt natürlich auch dicht besiedeltes Gebiet zu seinem Lebensraum. Als verantwortungsvoller Hundemensch musst du ihn natürlich behutsam auf die vielen neuen Eindrücke heranführen, die sich im Zusammenleben mit Menschen ergeben.

Egal, ob auf dem Land oder in der Stadt – erstmal ist alles neu für deine Fellnase. Ärgere dich nicht, wenn er nicht in jeder Situation gleich souverän reagiert. Nimm die vielen Herausforderungen lieber als Gelegenheit, ihm zu helfen und ihm zu zeigen, dass du die Führung übernehmen kannst. Mit der Zeit wird er sich dieser Führung immer besser anvertrauen und sich gelassen auf jede neue Situation einstellen können.

In dieser Challenge möchte ich dich dazu einladen, die fünf größten Abenteuer aufzuschreiben, die du bereits gemeinsam mit deinem Hund gemeistert hast. Mach auch eine Liste eurer aktuellen Herausforderungen und freue dich darauf, deinem Liebling über diese abenteuerlichen Hürden hinwegzuhelfen.

....

....

....

„Ein Leben ohne Hund ist ein Irrtum."

Carl Zuckmayr, Schriftsteller

Sicher hast du bereits öfter zwei Hunde beobachtet, die ausgelassen miteinander spielen, gemeinsam über eine Wiese laufen, plötzlich Haken schlagen, aufeinander zulaufen, im letzten Moment abbremsen, miteinander balgen, über den Boden rollen und schließlich glücklich hechelnd nebeneinander liegen. Hast du dir dann gedacht: „Da würde ich gerne mitmachen"? Dann tu es einfach!

Oft beobachte ich Hundebesitzer, die ihren ratlosen Vierbeinern raten: „Na, lauf doch! Spiel ein bisschen!" Doch nichts passiert. Tja, bei mir schon ... Ich mache einfach ein paar schnelle Schritte über die Wiese, drehe mich im Kreis, laufe rückwärts oder tue sonst etwas Unerwartetes. Und zack, stehen alle Hunde um mich herum, laufen mit oder beginnen nun ihrerseits mit einem Spiel. Sind mehrere anwesend, kann ich als Mensch natürlich nicht mehr mithalten, aber allein mit meinem Liebling wird aus solch einer Spielaufforderung von meiner Seite oft ein lustiges Herumtollen, bei dem wir dann beide am Ende glücklich hechelnd nebeneinander auf der Wiese liegen.

Natürlich hat man dazu nicht immer die passende Ausdauer oder Kleidung. Dann reicht es, zwischendurch beim Spaziergang mal schneller oder mal langsamer zu gehen. Bleib ruhig auch einfach stehen, dreh dich im Kreis oder geh einen Achter, geh rückwärts und dann starte rasch vorwärts los, lauf im Zickzack oder hüpfe. Dein Hund wird es lieben!

Kleiner Nebeneffekt: Dein Liebling merkt, dass nicht jeder deiner Schritte vorhersehbar ist, stellt sich darauf ein und schenkt dir mehr Aufmerksamkeit.

3 Dein Hund entscheidet, wo es langgeht!

Bereit für ein echtes Abenteuer? Plane für den nächsten Spaziergang besser etwas mehr Zeit ein, denn diesmal entscheidet dein Hund, welchen Weg ihr einschlagt! Klar: Auch, wenn ihr ein tolles Team seid, liegt die Entscheidungsgewalt in jedem Mensch-Hund-Team meistens beim Zweibeiner. Das ändern wir heute einfach mal.

Spaziert einfach los und lass deinen Liebling die Richtung vorgeben. Pass dabei nur auf, dass er dich nicht auf die Autobahn führt. Fast alles andere ist erlaubt, solange ihr sicher seid. Vielleicht findet ihr dadurch ja auch eure neue Lieblingsroute?

Tipp: Falls dein Hund ein großer Abenteurer ist, bereite dich auf einen längeren Marsch vor. Vergiss nicht, Wasser, Proviant und eine Jacke für die späteren Stunden einzupacken.

„Vom Mensch hat man das Unerwartete zu erwarten und man sollte darauf vorbereitet sein."

Daniel Leszinski, zitate.de

Ganz ohne Leine, frei und doch eng miteinander verbunden mit dem eigenen Hund durchs Leben zu gehen – das ist ein Wunsch, den viele Hundebesitzer teilen. Leider funktioniert eine solche leinenlose Verbindung im Alltag nicht ohne längere Übung. Doch wo, fragst du dich vielleicht, kann man denn ungestört üben?

Die Antwort liegt auf der Hand: Jede Übung fängt klein an – am besten bei dir zuhause, in der Wohnung, vielleicht später im Garten, in der Hundeschule und am besten ebenso in einer weitläufigen Hundezone. Es gibt fast flächendeckend in relativ guter Erreichbarkeit Gebiete, wo man Hunde frei laufen lassen darf. Diese oft großen, teilweise eingezäunten Areale findest du online in den gängigen Landkarten verzeichnet. Du kannst aber auch beim jeweiligen lokalen Amt nachfragen.

Also los … übt, übt, übt und die leinenlose Freiheit ist eure!

„Die Freiheit eines jeden beginnt dort,
wo die Freiheit eines anderen aufhört."

Immanuel Kant, Philosoph

Macht euch nass!

Falls dein Hund nicht gerne schwimmt, kannst du ihn vielleicht mit einem Keks oder dem Lieblingsspielzeug ein Stückchen ins Wasser locken. Geh aber nur so weit, wie es für euch beide angenehm und sicher ist – das hier ist ein Buch, nicht dein Boss!

Unser Tag im Wasser.

Brauchst du Inspiration für das perfekte Schwimm-Foto? Versuch mal zu knipsen, wie dein Hund sich nach dem Schwimmen schüttelt oder genau den Moment zu erwischen, in dem er nach einem beherzten Sprung die Wasseroberfläche berührt.

Wau

- Führe deinen Hund langsam an das Thema Wasser heran, wenn er es noch nicht kennt. Im Idealfall kann er an einem Bach, am Seeufer oder in einem Planschbecken mal die Pfoten nass machen und lernen, dass das nicht wehtut.
- Achte auf die Sicherheit aller Beteiligten und vergiss nicht, auf etwaige Leinenpflichten zu achten.

Knurr

- Schmeiß deinen Hund nicht einfach ins Wasser, wenn er das nicht will.
- Mach nicht zu lange und unterschätze nicht die Gefahr von Sonnenstich, Wasservergiftung & Co.

„Die liebevollste Kreatur der Welt
ist ein nasser Hund."

Ambrose Bierce

Macht eine Bootsfahrt!

Nicht nur für Wasserratten: Schnappt euch den nächstbesten fahrbaren Untersatz und Leinen los! Die Art des Bootes bleibt ganz dir überlassen: Eine kuschelige Kanufahrt ist genauso machbar wie ein Ausflug mit einem riesigen Dampfer. Natürlich musst du vorher beim Anbieter in Erfahrung bringen, ob dein Hund an Bord auch willkommen ist.

So ein Boot ist nicht unbedingt der natürliche Lebensraum eines Hundes. Deshalb kannst du es deinem Liebling mit einigen einfachen Tricks leichter machen:

- Sorge für einen stabilen Ein- und Ausstieg für deinen Hund – also eine robuste Rampe und so wenig Geschaukel wie möglich.
- Gehe selbstbewusst voraus und bleib dabei gelassen, damit deine Fellnase merkt, dass an der Situation gar nichts Aufregendes ist.
- Platziere im Bereich des Einstiegs und bei größeren Booten auch an anderen Plätzen einen Teppich oder eine bequeme Hundedecke, damit die Pfötchen nicht so rutschen.
- Es ist nicht schlimm, wenn dir aus Versehen ein paar dutzend Leckerlies ins Boot fallen (Zwinker-zwinker).
- Denk an Schutz vor praller Sonne sowie unerwarteter Kälte und ausreichend Verpflegung für euch beide.
- Eine Hundeschwimmweste gibt euch beiden mehr Sicherheit.
- Achte darauf, dass dein Hund nicht aus Versehen über Bord geht oder bei voller Fahrt aus dem Boot springt. Am besten bleibt die Leine dran!

- **Und vor allem:** Zwing deinen Hund nicht. Wenn er das Boot ganz doof findet, geht ihr eben stattdessen am Ufer spazieren und macht euch dort ein wenig die Füße und Pfoten nass.

Pflanzt einen Lebensbaum! 7

Im keltischen Baumkreis gibt es ein Baumzeichen für jedes Geburtsdatum. Ähnlich wie die bekannten Tierkreiszeichen schreiben sie den Persönlichkeiten des jeweiligen Baumzeichens bestimmte Eigenschaften zu. Was sagst du: Ist dein Hund eine typische Hainbuche? Oder seid ihr beide eher Feigenbäume? Oder erkennt ihr euch beide in einem Baumzeichen, das mit eurem Geburtsdatum nichts zu tun hat? So steht beispielsweise der Apfelbaum für Liebe, die Linde für Harmonie und die Eberesche für Lebensfreude.

Egal, ob eure Baumzeichen zu euch passen oder nicht – sucht euch euren Lieblingsbaum aus und pflanzt einen davon! Ihr müsst euch dabei nicht an den Baumzeichen-Eigenschaften orientieren – ihr könnt auch einfach einen Baum wählen, den ihr hübsch findet oder dessen Früchte ihr gerne esst.

Vielleicht könnt ihr eurem Baum beim Wachsen zusehen. Oder ihr pflanzt ihn irgendwo hin, wo ihr ihn nie wieder sehen werdet – aber ihr wisst, dass er dort ein schönes Leben haben wird. Ihr dürft dem Bäumchen auch einen Namen geben, vielleicht ja eine Kombination aus euren beiden Namen?

Das ist unser Baum: ....

Auf dass er wachse und gedeihe!

„Wer Bäume pflanzt, obwohl er weiß, dass er nie in ihrem Schatten sitzen wird, hat zumindest angefangen, den Sinn des Lebens zu begreifen."

Rabindranath Tagore

8 Lauft um die Wette!

Auf die Plätze, fertig … ach so, erst noch die Erklärung: Rennt um die Wette und schaut, wer schneller ist! Du denkst vielleicht, das klingt unfair – immerhin hat dein Hund doppelt so viele Beine wie du. Aber mach dir nichts vor: Auch so mancher Dreibeiner könnte dich besiegen.

Stimmt nicht, sagst du? Beweis es! Lauft gleichzeitig eine vorher festgelegte Strecke und seht selbst, wer das Ziel früher erreicht. Wenn dein Hund nicht von selbst mit dir mitläuft, kann ihn jemand ins Ziel locken, oder du übernimmst das selbst und läufst die Strecke danach allein. Ein unparteiischer Schiedsrichter kann die Zeit messen, falls einer von euch beiden zu unfairen Tricks neigt.

Um das Ganze etwas spannender zu gestalten, könnt ihr unterschiedliche Levels durchspielen:

Hunde-Azubi: Lauft eine Strecke von 20 Metern geradeaus. Wer schneller ist, gewinnt!

Rudelführer: Stellt in einer Entfernung von 15 Metern ein Hindernis auf, um das ihr herum- und dann wieder zurücklaufen müsst. Wenn du fair sein willst, zeigst du deinem Hund vorher, wie das geht – eine Anleitung findest du in Kapitel 3 auf Seite 67.

Hundeprofi: Stellt auf einer Strecke von 20 Metern mehrere Hindernisse so zueinander versetzt auf, dass eine Art Slalom entsteht. Vorher üben ist nur für den Hund erlaubt!

Jetzt aber: Auf die Plätze, fertig, LOS!

Wie viele Versuche hast du gebraucht, um deinen Hund im Wettrennen zu besiegen?

- [ ] Ich habe ihn sofort besiegt!
- [ ] Beim zweiten Mal hat es geklappt.
- [ ] Der dritte Sieg war mein!
- [ ] Ich will nicht darüber reden.

9 Wagt euch in die Dunkelheit!

Nix für Angsthasen! Im Dunkeln ist die Welt eine andere, und auch die will von euch erkundet werden. Schnapp dir deinen Hund und geh mit ihm im Dunkeln raus. Achte dabei auf eure Sicherheit:

- Eine Stirnlampe für dich und ein leuchtendes Halsband für deinen Hund verleihen euch mehr Sichtbarkeit – genauso wie reflektierende Kleidung, LED-Anhänger oder Warnwesten.
- Nachts sind andere Tiere aktiv als tagsüber, und dein Hund „sieht“ mit seiner Nase mehr als du mit deinen Augen. Kurz gesagt: Leine dran!
- Meide Straßen und denk daran, dass Autofahrer euch schlechter sehen als tagsüber. Falls ihr ein Stück auf der Straße gehen müsst, geht dem Verkehr entgegen.

Je nach Dunkelheitserfahrung kannst du die Nachtwanderung in unterschiedlichen Levels absolvieren:

Hunde-Azubi: Geht eure gewohnte Tages-Route bei Nacht und staunt, wie anders alles aussieht, klingt und riecht.

Rudelführer: Beginnt und beendet die Route wie gewohnt, baut aber in der Mitte eine neue Strecke ein.

Hundeprofi: Ihr seid häufiger bei Dunkelheit unterwegs, weil es im Winter unverschämt früh dunkel wird? Verlasst eure ausgetretenen Pfade und wagt euch mal in die Stadt, an den Strand oder in den Wald!

Bei Nacht sind alle Hunde grau?

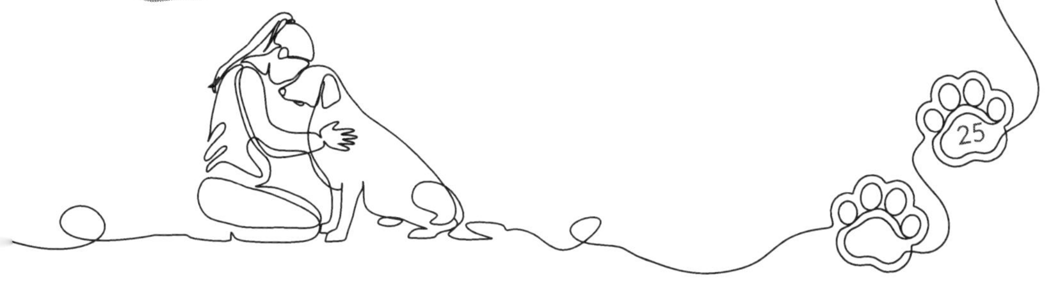

10 Gemeinsam einen Sonnenauf- & Untergang anschauen!

Und wo wir gerade dabei waren: Eine Nachtwanderung lässt sich hervorragend mit dem Bestaunen eines Sonnenauf- oder Untergangs kombinieren. Marschiert ihr beispielsweise rechtzeitig los, um bei Sonnenauf- oder Untergang ganz oben auf einem Berg zu sein, habt ihr einen atemberaubenden Ausblick auf das tägliche Naturspektakel. Plus: Ihr seid die Hälfte der Strecke bei Tageslicht, die andere bei Dunkelheit unterwegs und könnt direkt vergleichen, wie sehr sich eure Umgebung dadurch verändert.

Aber auch ohne Nachtwanderung könnt ihr so perfekt in den Tag starten oder ihn ausklingen lassen. Vielleicht schafft ihr ja sogar beides am selben Tag? Konzentriert euch auf das, was vor euch liegt – buchstäblich und im übertragenen Sinn. Mach ein schönes Foto, um dich an diesen besonderen Moment zu erinnern. Tipp: Der Hund vor der auf- oder untergehenden Sonne ist ein megacooles Motiv.

Das haben wir uns angeguckt:

- [ ] Sonnenaufgang
- [ ] Beides
- [ ] Sonnenuntergang

HINWEIS: Funktioniert am besten, wenn die Sonne scheint.

Unser Sonnenerlebnis!

Datum: ....

Ort: ....

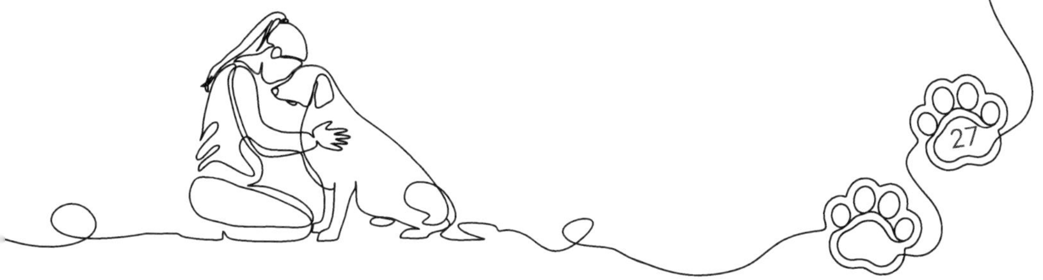

11 Verbringt eine Nacht draußen!

Ihr müsst dabei nicht schlafen. Ihr könnt auch die ganze Nacht am Lagerfeuer sitzen und euch Gruselgeschichten erzählen. Ihr könnt im eigenen Garten bleiben, bei Freunden zelten oder einen Campingplatz mieten. Hauptsache, ihr bleibt bis zum Sonnenaufgang draußen! Achte darauf, dass alles legal ist – wildes Campieren ist nämlich vielerorts verboten und nicht alle Campingplätze sehen gerne Vierbeiner.

Wenn ihr das perfekte Plätzchen gefunden habt, packt ein, was ihr braucht:

- Decken & Schlafsäcke für euch beide
- Futter & Wasser für euch beide
- Halsband & Leine für deinen Hund (oder für euch beide, wie du magst)
- Taschenlampe oder Stirnlampe für nächtliche Gassi-Gänge
- Kotbeutel

Genießt eure Zweisamkeit an der frischen Luft und staunt darüber, wie anders die Nächte draußen sind.

Schon gewusst? Hunde sehen bei Dunkelheit deutlich besser als Menschen! Zur Sicherheit der nachtaktiven Tiere, die vielleicht an euch vorbeihuschen, lässt du also besser die Leine dran.

Macht eine Wanderung mit Picknick! 12

Wandert zu einem schönen Plätzchen, setzt euch gemeinsam auf eine Decke und veranstaltet ein gemeinsames Picknick. Die „Wanderung“ darf auch ein gemütlicher Spaziergang oder einfach ein Ausflug in den eigenen Garten sein – ganz, wie es euer Fitnesslevel erlaubt!

Und das solltest du einpacken:

- Futter für dich und deinen Hund – verzichte dabei am besten auf Lebensmittel, die für ihn gefährlich sein könnten. Dann könnt ihr teilen und es kann nichts passieren, falls er etwas stibitzt.
- Ausreichend Wasser und einen Hundenapf. Wenn du magst, darfst du etwas anderes als Wasser trinken.
- Falls du eine Kühltasche hast, kannst du Hundeeis als Nachtisch mitbringen. Wie du das selbst herstellst, erfährst du in Kapitel 5, auf Seite 116.
- Das Lieblingsspielzeug, falls euch die Gesprächsthemen ausgehen.

Klebe auf der folgenden Seite ein Erinnerungsstück an euer gemeinsames Picknick ein – eine hübsche Blume, ein Foto, Essensreste oder was dir einfällt:

Erinnerung an unser gemeinsames Picknick:

Datum: ....

Ort: ....

Und wenn ihr ohnehin manchmal im Wald unterwegs seid, sucht euch einen anderen Wald zum Spazierengehen. Denn jeder Wald hat unterschiedliche Bewohner, verschiedene Baumarten und eine einzigartige Bodenbeschaffenheit zu bieten. Je nach Größe des Waldes könnt ihr in immer wieder andere Richtungen abbiegen und richtig tief in den heimischen Dschungel eindringen. Achtet dabei darauf, dass ihr euch nicht verirrt und die örtlichen Vorschriften im Hinblick auf Leinenpflicht, Betretungszeiten und Wildruhezonen einhaltet.

Und so kannst du eure Waldabenteuer noch aufregender gestalten:

- Versteck einen Keks in einem Laubhaufen und lass deinen Hund danach wühlen! Je fortgeschrittener er ist, desto größer der Laubhaufen. Achte darauf, dass keine Tiere oder gefährlichen Gegenstände im Laub versteckt sind.

- Spielt mit einem Tannenzapfen! Du kannst den Tannenzapfen einfach vor dir her kicken und deinen Hund apportieren lassen. Vielleicht landet der Tannenzapfen ja auch zufällig mal bei einigen seiner Zwillinge – wer von euch findet schneller den Richtigen wieder?

- Findet einen umgefallenen Baum und nutzt ihn als Hindernis! Wer kann schneller drüberspringen oder darunter durchkriechen?

- Lass deinen Hund auf einem Baumstumpf Männchen machen! Wie du ihm das beibringst, erfährst du in Kapitel 3 auf Seite 69.

14 Geht gemeinsam Rodeln!

Im Schnee machts am meisten Spaß, aber auch Sommerrodeln ist erlaubt! Richtet euch dabei ganz nach euren Vorlieben: mit Vollgas einen Berg runter für Adrenalinjunkies bis vorsichtig einen kleinen Hügel abwärts für die Gemütlicheren. Hauptsache, ihr habt Spaß und seid dabei sicher.

Wau

- Sorge dafür, dass dein Hund ein bequemes, gut sitzendes Geschirr anhat.
- Gönn deinem Hund zwischendurch Pausen und wäge gut ab, ob er noch genug Energie für eine weitere Runde hat.

Knurr

- Zwing deinen Hund nicht, sich mit dir auf den Schlitten zu setzen – die wenigsten Hunde mögen das. Neben dem Schlitten herlaufen ist viel natürlicher und macht den meisten Vierbeinern mehr Spaß.
- Befestige die Hundeleine niemals am Schlitten – es besteht Verletzungsgefahr!

Es kann sein, dass dein Hund es erstmal gruselig findet, dass du dich so schnell fortbewegst – dann versucht er vielleicht, dich oder den Schlitten mit vollem Körpereinsatz aufzuhalten. Damit niemand verletzt wird, fangt ihr am besten damit an, dass du kurze Strecken in seinem Tempo neben ihm her rodelst. Dann kannst du die Geschwindigkeit und Distanz langsam erhöhen.

Macht Beobachtungen! 15

Hast du dich auch schonmal gefragt, was im Kopf deines Lieblings vor sich geht? Also abgesehen von „Futter!“, „Gassi!“ und „Spielen!“. Das kannst du heute mal ausführlich analysieren. Setz dich mit deinem Hund auf eine Parkbank in einer belebten Gegend – mitten in der Stadt, in einer Fußgängerzone oder im Park zum Beispiel. Kommt zur Ruhe und entspannt euch, und dann kann das Beobachten losgehen: Was erregt seine Aufmerksamkeit? Wo wandern seine Blicke hin und was denkt er wohl die ganze Zeit? Beobachte deinen Hund beim Beobachten und notiere hier, was er so getan und gedacht hat.

„Alles Wissen, alle Fragen und Antworten finden sich im Wesen des Hundes.“

Franz Kafka

16 Macht einen Schlammlauf!

Jetzt wirds schmutzig! Sucht euch die matschigste Gegend, die ihr finden könnt und tobt euch dort so richtig aus. Alles ist erlaubt: rennen, kriechen, über Hindernisse klettern! Hauptsache, ihr werdet dabei schön dreckig und kommt aus der Puste. Ihr könnt die Zeit messen und probieren, euch gegenseitig zu übertrumpfen, oder gemeinsam versuchen, die Bestzeit zu schlagen. Wenn euch das zu sehr nach Fitness klingt, könnt ihr auch einfach ein wenig in einer Pfütze miteinander tanzen. Haltet euren einmaligen neuen Look anschließend auf einem Foto fest.

Ach, das kann man waschen.

Das Beste daran: Anschließend könnt ihr euch bei einem Bad so richtig entspannen. Wenn ihr wollt, auch gemeinsam.

ACHTUNG: Sicherheit geht vor! Beachte etwaige Leinenpflichten und riskiere keine Verletzungen oder Verkühlungen.

17 Erobert neue Pfade!

Morgens, mittags, abends, zu jeder Jahreszeit dieselbe Route spazieren – das wird doch irgendwann langweilig! Sucht euch einen neuen Weg für eure regelmäßigen Ausflüge und geht dort mindestens eine Woche lang spazieren. Dann sucht euch noch einen und noch einen – so lange, bis euch die möglichen Routen ausgehen. Hier könnt ihr euch notieren, was euch auf den jeweiligen Wegen besonders gut oder gar nicht gefallen hat:

UNSER GASSI-LOGBUCH:

Notiert wann ihr wo wart und was besonders gut oder auch schlecht war.

Datum	Wo?	Wau	Knurr

Abwechselnde Routen sind euch nicht aufregend genug? In diesem Fall versucht mal, die folgenden Ideen in eure Gassi-Runden zu integrieren:

- Durchquert bei eurem Spaziergang die nächstgelegene Hundezone.
- Geht in einem Bachbett spazieren. (Aber bitte nur, wenn der Wasserstand so niedrig ist, dass ihr wirklich gehen könnt und nicht schwimmen müsst.)
- Fragt ein anderes Mensch-Hund-Gespann, ob ihr sie auf ihrem Spaziergang begleiten könnt.
- Fahrt in die nächste Ortschaft und geht dort spazieren.

Überlass deinem Hund die Führung! 18

Nimm deinen Hund einmal an eine lange Laufleine und lass dich von ihm führen, schau, wohin euch seine Nase bringt. Achte darauf, dass du nie die Richtung oder das Tempo bestimmst. Dann, nach einer Weile, nimm die gewohnte kurze Leine und übernimm auch wieder die Führung. Lass dich nicht von deinem Hund zu einer bestimmten Richtung oder einem bestimmten Tempo überreden. Nach einer Weile könnt ihr wieder tauschen.

Das macht nicht nur euch beiden Spaß, sondern zeigt dir auch deutlich, wie oft dein Hund im Alltag heimlich die Führung übernimmt . Das stört dich vielleicht gar nicht, doch für deine Fellnase (Knurr!) bedeutet es Stress. Eigentlich will er sich auf dich verlassen und dir überallhin folgen können.

„An der Leine ist der Hund nur Beifahrer. Er muss weder lenken noch Gas geben oder hupen.“

HundeWissen, Autor unbekannt

19 Macht einen Schweigemarsch!

Wir reden alle viel zu viel mit unseren Hunden. Wir reden und reden und merken dabei gar nicht, wie unser Hund trotz der vielen Worte versucht, uns zu verstehen – und auch zu antworten. Dazu verwendet er natürlich keine Worte, sondern seine Körpersprache und Mimik. Wer diese Zeichen lesen lernt, versteht auch seinen Hund besser.

Du kannst darüber hinaus versuchen, selbst Zeichen zu setzen, die dein Hund auf Anhieb versteht – und das ganz ohne Worte. Denn mal ehrlich: Worte sind für ihn vor allem eines: verwirrend! Nimm dir also eine bestimmte Zeit vor (zehn Minuten, eine Stunde, einen Tag), in der du absolut nichts sagst. Zumindest nicht zu deinem Hund. Jedes „Komm her!“, „Geh weg!“, „Sitz!“ oder „Bleib!“ musst du mit deiner Körpersprache vermitteln. Mit ein wenig Übung schärfst du so die Kommunikation mit deinem Hund. Damit er mit dir in Kommunikation bleibt, kannst du ihn dazu gerne an die Leine nehmen. Motiviere ihn mit deiner Körpersprache mitzukommen und geht gemeinsam schweigend durch die Wohnung.

Na, wie lange hast du durchgehalten? Notiere eure beste Zeit hier:

....

„Hunde können sprechen, aber nur mit denen, die auch zuhören können.“

Orhan Pamuk, Schriftsteller

Grabt Löcher! 20

Eine Grube mitten auf einer Hundewiese, auf einem Gehweg oder in Nachbars Garten zu graben, ist selten erlaubt. Zu groß ist die Gefahr, dass jemand hineinsteigen und ins Stolpern geraten könnte. An manchen Stellen im Wald oder an einem Sandstrand ist das Buddeln jedoch kein Problem. Dein Hund darf sich dort mit größter Freude immer tiefer graben.

Besonders lustig findet er es natürlich, wenn du dich daran beteiligst. Sobald du Interesse für seine Grube zeigst, wird er mit noch mehr Eifer bei der Sache sein. Diesen Umstand kannst du dir natürlich zunutze machen, zum Beispiel wenn du einen Strauch oder Baum pflanzen willst! Lade deinen Liebling ein, mit dir gemeinsam zu buddeln. So wird die Gartenarbeit zum unvergesslichen Erlebnis.

„Wer andern eine Grube gräbt, fällt selbst hinein."

Sprichwort

21 Stöckchen werfen – ja oder nein?

Zu den beliebtesten Spielen von Hundebesitzern, die mit ihren Vierbeinern unterwegs sind, gehört es, ihnen ein Stöckchen aufzuheben und zu werfen. Das macht den meisten Hunden und auch vielen Menschen Freude. Leider ist es nicht ganz ungefährlich. Immer wieder kommt es zu hässlichen Verletzungen, wenn Hunde ausgelassen und wild mit den langen, spitzen Naturmaterialien spielen. Notoperationen sind da keine Seltenheit.

Weniger gefährlich sind Tannenzapfen oder einfach ein Ball, den du auf deinen Spaziergang mitnimmst. Doch Vorsicht: Das beständige Werfen wird rasch zum Suchtproblem. Ein Balljunkie wird dir und anderen ständig ungefragt Gegenstände vor die Beine legen und dann aufgeregt bellen, damit das Spiel endlich beginnen kann. Das ist nicht nur für dich lästig, sondern eigentlich für jeden, der so rüpelhaft von deinem Hund angepöbelt wird.

Lass dich daher nie von deinem Hund zum Spielen auffordern! Du beginnst das Spiel und du beendest es. Gib deinem Vierbeiner die Sicherheit, dass du alle Spiele verwaltest. Willst du ihm gerne etwas werfen, dann lass ihn auch nicht sofort losrennen. Das ist wichtig für die Impulskontrolle und auch bei starkem Jagdtrieb. Bemerkst du, dass er ein Suchtproblem entwickelt, dann verzichte am besten ganz auf dieses Spiel. Balljunkie s stehen ständig unter Strom und für einen Hund, der viel Ruhe und Ausgeglichenheit braucht, bedeutet ein solcher Dauerstresspegel kein angenehmes Hundeleben.

Fazit: Achte – wie du es auch sonst tust – beim Spielen auf das, was dein Hund braucht, und nicht nur auf das, was er vielleicht will.

Gemeinsam erobert ihr die Welt

Reise-Abenteuer

22 Macht einen Camping-Trip!

Mit dem Luxus-Caravan einmal quer durch Europa oder eine Nacht im Zweimannzelt in Omas Garten – Camping ist vielseitig. Was davon das Richtige für euch ist, entscheidet ihr selbst. Unabhängig davon ist Camping eine besondere Erfahrung für Mensch und Hund, die euch beide nochmal zusammenschweißt. Denn nicht nur im Zelt, auch im Wohnmobil müsst ihr auf einige Annehmlichkeiten verzichten, die ihr von zuhause gewohnt seid. Ob euch das gefällt? Findet es heraus! Damit das Campen nicht zum Horrortrip wird, beachte die folgenden Tipps.

- Von „Hunde verboten“ bis „Hunde-Action garantiert“ gibt es alle möglichen Varianten von Campingplätzen. Frag sicherheitshalber vorher nach, ob dein Liebling willkommen ist und überprüfe, ob es Gassi-Routen, Badeplätze und hundefreundliche Restaurants in der Nähe gibt – je nachdem, was euch wichtig ist.

- Gras und Sand schlagen Kiesboden. Mit freundlichen Grüßen, die Hundepfote.

- Achte auf das richtige Equipment: Isomatte, Hunde-Schlafsack und Hundebekleidung für nasskalte Trips. Kühlmatte, Insektenschutz und Sonnenschirm für den Sommer.

- Handtücher: Du kannst niemals zu viele Handtücher beim Camping dabeihaben.

Das vielseitige Camping-Abenteuer ist für jedes Hund-Mensch-Team eine einzigartige Erfahrung, aber irgendwas ist immer, richtig? Was ist dir bei eurem Trip aufgefallen, das du beim nächsten Mal anders machen würdest?

Platz für eigene Notizen

Unser Camping-Ausflug.

Datum:

Ort:

23 Besucht das Meer!

Jeder sollte wenigstens einmal im Leben das Meer gesehen haben – auch jeder Hund! Egal, ob er eine Wasserratte ist oder sich beim ersten Tropfen sofort aus dem Staub macht: Die salzige Meeresbrise, der rauschende Wellengang und die außergewöhnliche Tier- und Pflanzenwelt an der Küste sind auf jeden Fall einen Besuch wert. Natürlich könnt ihr auch gemeinsam im Ozean schwimmen, wenn ihr eine hundegeeignete Badestelle findet. Diese sollte frei und flach zugänglich sein, sodass dein Hund gefahrlos und verletzungsfrei ins Wasser und wieder heraus kommt. Spitze Steine, Seeigel und Quallen sind auch nix für den Vierbeiner.

Behalte außerdem die Strömung und den Wellengang im Auge – ganz besonders, wenn du ihm Spielzeug ins Wasser wirfst. Nicht, dass dein bester Freund verloren geht, weil er auf der Jagd nach seinem Spielzeug bis zur nächsten einsamen Insel paddelt.

Auch gut zu wissen: Nicht jeder Hund findet Salzwasser ungenießbar! Manchen schmeckt es sogar sehr gut. Stell also sicher, dass du genügend Frischwasser für ihn dabeihast und er nicht zu viel Meerwasser trinkt.

Ganz klar: Euren Tag am Meer müsst ihr mit Fotos festhalten. Versuch mal, die erste Reaktion deines Hundes auf den Wellengang zu knipsen!

Die perfekte Welle!

Datum: ....

Ort: ....

24 Lauft über Brücken!

Brücken können je nach Aufbau eine ganz schöne Herausforderung sein, wenn man auf vier Pfoten unterwegs ist. Manchmal wackeln sie, sind besonders eng, sie machen seltsame Geräusche oder an den Seiten geht es erschreckend tief runter. Ihr sollt euch natürlich nicht in Gefahr begeben, also lauft bitte nur über Brücken, die euch sicher auf die andere Seite lassen! Um der Herausforderung ins Gesicht zu lachen, lauft ihr einfach an einem Tag über so viele Brücken wie möglich. Falls dein Hund nur zögerlich drauf geht, denk immer daran: Wenn du souverän vorausgehst und ihm Sicherheit vermittelst, fällt ihm alles leichter. Und Kekse! Kekse machen´s auch leichter.

Wir sind am .... über ganze .... Brücken gelaufen!
Datum Anzahl

Übrigens: Für eure Brücken-Erkundung müsst ihr nicht nach Venedig reisen. Die Stadt mit den vielen Kanälen hat nämlich „nur“ 400 Brücken. Da geht in Europa deutlich mehr:

- Hamburg hat 2.500 Brücken
- Wien hat 1.716 Brücken
- Amsterdam hat 1.281 Brücken
- Berlin hat 960 Brücken

25 Macht Urlaub in einem Hundehotel!

Auf der ganzen Welt wird der Urlaub mit Hund populärer, und manch schlauer Hotelier hat das besser erkannt als andere. Deshalb gibt es immer mehr spezielle Hundehotels, die ihr Angebot und ihre Ausstattung auf vierbeinige Gäste ausrichten. In einem richtig tollen Hundehotel erwarten euch Dinge wie:

- Hundeausstattung, zum Beispiel Napf, Decke und Futter am Zimmer
- Hundetaugliche Außenbereiche mit ausbruchsicherem Zaun
- Eine hundefreundliche Umgebung mit vielen Spazierwegen
- Freizeitangebote wie Kurse, Bademöglichkeiten und Wellness für Hunde

Viele Hundehotels haben auch ein Restaurant, in dem dein Vierbeiner nicht nur herzlich willkommen ist, sondern sogar seine eigene Speisekarte bekommt. Wenn das nicht 5-Sterne-Hundeliebe ist!

26 Besucht einen Hundestrand!

Überall weltweit gibt es Möglichkeiten, mit deinem vierbeinigen Liebling Strände an Seen oder am Meer zu besuchen. Aber es gibt Abstufungen: An manchen Stränden sind Hunde gänzlich verboten, an anderen dürfen sie an der Leine geführt werden, sind aber im Wasser nicht willkommen. Am besten suchst du dir einen für Hunde vorgesehenen Bereich, an dem dein bester Freund nach Lust und Laune toben und schwimmen darf – die Suchmaschine deiner Wahl wird dir dabei helfen, den richtigen Ort zu finden.

Packliste für den perfekten Strandtag:

- Ausreichend Wasser & Napf mit Fresschen
- Sonnenschirm
- (Schwimmendes) Lieblingsspielzeug
- Schwimmweste bei Bedarf
- Kotbeutel (besser zu viele als zu wenig)
- Handtücher (besser zu viele als zu wenig)

Was hat dein Hund zuerst gemacht, als ihr am Hundestrand angekommen seid?

☐ Sich gewälzt und jetzt ist überall Sand. Überall!

☐ Freundschaft mit anderen Hunden geschlossen und mich links liegen lassen.

☐ Sich ins Wasser gestürzt und mich links liegen gelassen.

☐ ....

☐ ....

☐ ....

Unser Tag am Strand.

27 Macht einen Städtetrip!

Ein Städtetrip ist nicht die klassische Hunde-Aktivität – schließlich fühlen sich die meisten Vierbeiner in der freien Natur deutlich wohler. Allerdings gibt es auch in Städten viel für deinen besten Freund zu entdecken, wenn du dabei einige Dinge beachtest.

- Achte auf etwaige Leinen- oder Maulkorbpflichten.
- Meide Menschenansammlungen, wenn sich dein Hund im Getümmel nicht wohlfühlt.
- Denk daran, dass alles Neue sehr aufregend für deinen Hund ist – geht es langsam an.
- Vergiss die Kotbeutel nicht.

Ihr lebt ohnehin in der Stadt und dein Hund ist längst eine urbane Legende? Dann versucht doch mal was Neues, beispielsweise eine Fahrt mit der Straßenbahn oder einen Besuch im Museum. Das Katzen-Café lasst ihr vielleicht lieber aus. Oder ihr erkundet gemeinsam eine fremde Stadt.

Schon gewusst? Zu den hundefreundlichsten Städten der Welt gehören unter anderem San Francisco (USA), Tel Aviv (Israel), Prag (Tschechien), Hamburg (Deutschland) und Barcelona (Spanien).

Das kann eine schwierige Aufgabe sein, denn in vielen Museen sind Hunde nicht erwünscht. Schade eigentlich, schließlich möchtest du ja, dass dein Liebling etwas über Kunst und Kultur lernt, und nicht wie ein völliger Banause durchs Leben wedelt. Es gibt aber einige Museen, die Hunde willkommen heißen. Andere bieten regelmäßig einen „Hundgang" an – spezielle Tage oder Zeitfenster, in denen du mit deinem Liebling durchs Museum stöbern darfst. Es gibt also keine Ausrede: Zeit für ein bisschen kulturelle Weiterbildung!

Übrigens gibt es auch einige Museen, die sich voll und ganz um den Hund drehen:

- Das „Barryland" in der Schweiz feiert einen der berühmtesten Bernhardiner der Geschichte, der im 19. Jahrhundert über 40 Personen das Leben rettete.
- Im Dackelmuseum in Deutschland gibt es über 4.500 Ausstellungsstücke, die etwas mit Dackeln zu tun haben.
- In England gibt es ein Museum für Hundehalsbänder.
- In New York City gibt es ein Museum, das hunde-bezogene Kunstwerke ausstellt und eine riesige Bibliothek mit Büchern rund um den Hund besitzt.

Kein Witz: In die meisten dieser Museen haben Hunde keinen Zutritt.

29 Macht einen Roadtrip!

Es ist ganz egal, ob ihr nur einen Tag lang von Hundepark zu Hundepark fahrt oder wochenlang mit dem Auto ganze Länder erkundet. Allerdings: Wenn dein Vierbeiner nicht gerne im Auto mitfährt, dreht ihr vielleicht besser nur eine Runde mit dem Bollerwagen um den Block. Ihr dürft euch aussuchen, wer drinsitzt und wer zieht. Falls ihr doch das Auto nehmt, achte dabei auf die wichtigsten Auto-mit-Hund-Regeln:

- Schnallt euch an! (Eine Hundebox tuts auch, für jeden, der nicht am Steuer sitzt.)
- Legt genügend Pausen ein, bei denen ihr euch ein wenig die Beine vertretet.
- Gib deinem Hund vor einer langen Fahrt die Möglichkeit, sich ordentlich auszutoben.
- Etwas zum Kauen hilft gegen Stress (beim Hund).
- Die Lieblingsdecke und das Kuscheltier auch (beim Hund und beim Menschen).
- Falls ihr eine Fähre nehmt, erkundige dich vorher, ob dein Hund auch mitfahren und aus dem Auto aussteigen darf.
- Falls ihr Grenzen überfahrt, erkundige dich über die Einreisebestimmungen – Stichworte: EU-Heimtierausweis und Impfungen.

Plant ihr sogar einen riesigen Roadtrip durch die USA? Dann solltest du dich zusätzlich noch über die Gesetze der einzelnen Bundesstaaten informieren. Beispiele gefällig?

- In Dallas müssen Hunde im Dunkeln rote Rücklichter tragen.
- In Ohio dürfen Polizisten Hunde beißen. (Aber Hundehalter dürfen nicht zurückbeißen.)
- In Illinois dürfen Männer keine Pudel in die Oper mitnehmen.
- In Kentucky darf dein Hund kein Auto rammeln. (Ist auch sonst wo nicht empfehlenswert.)
- In Delaware ist Pärchen das Händchenhalten während des Hundespaziergangs verboten.

Erobert eine Burg! 30

Dein Hund soll sich einmal wie ein edles Burgfräulein oder ein stattlicher Schlossherr fühlen! Die Welt ist voller prachtvoller Schlösser und prunkvoller Burgen, die ihr gemeinsam erkunden könnt. Informiere dich, ob in der Festung deiner Wahl Hunde willkommen sind und los geht's!

Und wenn ihr euch schon in die wundersame Welt der Ritter und Könige begebt, hat dein Hund auch direkt einen Adelstitel verdient.

Lord / Lady .... von .... zu ....

Hundename — letzes Fressen — besuchte Liegenschaft

31 Stürmt einen Berggipfel!

Es muss nicht direkt der Mount Everest sein. Je nach Fitnesslevel stürmt ihr vielleicht den örtlichen Hügel, und das ist auch völlig in Ordnung. Hauptsache, ihr lauft bis zum Gipfel! Gebt nicht auf – auch, wenn es ein weiter Weg bis ganz nach oben ist. Legt genügend Pausen ein, gönnt euch unterwegs einen Snack und trinkt ausreichend Wasser. Wenn ihr ganz oben seid, könnt ihr euren Triumph feiern und den schönen Ausblick genießen. Haltet eure Errungenschaft auf einem Foto fest.

Bergsteiger!

.... & .... haben am ....
Hundename Menschenname Datum

den Gipfel des .... erobert.
Bergname*

* falls er keinen Namen hat, gib ihm einen!

Macht eine Zugreise! 32

Eine Zugfahrt die ist lustig, eine Zugfahrt die ist schön! Zumindest, wenn du sie mit deinem besten Freund zusammen machst. Entscheide dich für ein eigenes Abteil, wenn dein Hund eher schüchtern ist – wenn er gerne neue Leute kennenlernt, setzt euch mitten ins Getümmel! Achte außerdem auf sein Wohlbefinden, indem du die Länge der Zugfahrt an die Bedürfnisse deines Hundes anpasst: Wenn er noch nie in einem Zug war, reichen fürs Erste vielleicht ein paar Stationen, bevor ihr eine längere Reise unternehmt. Macht genug Pausen und vergiss nicht, Proviant für euch beide einzupacken! Außerdem:

- Achte darauf, dass dein Hund nicht im Gang liegt, damit er keine versehentlichen Tritte abbekommt.
- Beachte Leinen- und Maulkorbvorgaben.
- Überprüfe vorher, ob du eine Fahrkarte für deinen Hund brauchst. Nicht, dass er unabsichtlich zum Schwarzfahrer wird.
- Hilf deinem Hund beim Ein- und Aussteigen und achte auf den Spalt zwischen Bahnsteig und Zug.

Wir sind am .... mit dem Zug von ....
Datum Abfahrtsort

nach .... gefahren und fanden es:
Ankunftsort

- [ ] Supercool, das machen wir wieder!
- [ ] Okay. Irgendwie muss man ja von A nach B kommen.
- [ ] Ja, nee, lass mal.

Unsere Eindrücke und Ideen für das nächste mal:

....

....

....

....

....

....

Manche Hunde müssen täglich mit dem Bus fahren, andere kennen das gar nicht. Du fährst auch nie Bus? Probiere es trotzdem mal mit deinem Vierbeiner. Geht gemeinsam zu einer Busstation. Zeig ihm alles, frag den Fahrer, ob ihr kurz einsteigen und hinten wieder aussteigen dürft. Fahrt das nächste Mal nur eine Station und geht dann zu Fuß wieder zurück. Beobachte deinen Hund, lerne ihn auch in solchen Situationen kennen. Zeige ihm, dass er sich auf dich verlassen kann.

So hat sich mein Hund verhalten:

....

....

....

„Man kann auf einer Fahrt mit der Straßenbahn mehr erleben als auf einer Weltreise."

Hugo von Hofmannsthal, Schriftsteller

34 Besucht einen Tierpark!

Damit ist nicht der Hundepark um die Ecke gemeint, den ihr bestimmt bereits besucht habt. Aber wart ihr auch schonmal in einem Wildtierpark oder im Zoo? Das ist für die meisten Hunde ein aufregendes Abenteuer, weil sie dort ganz fremdartigen, bunten, seltsam geformten Hunden (auch bekannt als „andere Tiere“) begegnen. Damit das reibungslos klappt, halte dich an die Checkliste:

- Überprüfe vorher, ob Hunde im jeweiligen Tierpark erlaubt sind.
- Beachte etwaige Leinen- und Maulkorbpflichten.
- Führe deinen Hund an einer kurzen Leine.
- Behalte deinen Hund und seinen Stresspegel im Blick.
- Vergiss nicht: Wasser, Napf, Leckerlies und Kotbeutel.

Wenn dein Hund sehr intensiv auf andere Tiere reagiert, fängst du am besten klein an. Besucht erstmal einen kleineren Tierpark an einem wenig besuchten Tag, damit er sich in Ruhe orientieren kann. Lass ihn ausgiebig herumschnüffeln und die anderen Tiere für den Anfang aus der Ferne bestaunen. Wenn er dabei einigermaßen cool bleibt, könnt ihr beim nächsten Besuch näher rangehen.

Macht ein Selfie vor einer Sehenswürdigkeit!

35

Dafür müsst ihr gar nicht unbedingt weit reisen – auch wenn ein Foto von dir und deinem Hund vor dem Eiffelturm natürlich cool wäre. Aber vielleicht gibt es ja Sehenswürdigkeiten in eurer Nähe? Geht einfach mit offenen Augen durch die Welt – ob zuhause oder auf Reisen – und macht einen Schnappschuss vor etwas, das ihr sehenswert findet!

Schau dir das an!

Das sind wir vor ....

Falls es euch nicht sehenswert genug sein kann, könnt ihr euch vornehmen, diese besonderen Attraktionen zu besuchen:

- In Vermont (USA) gibt es einen Friedhof für Eissorten, die nicht mehr hergestellt werden.
- In Ringebu (Norwegen) steht ein 7,7 Meter hoher Käsehobel.
- In West Putford (England) gibt es einen Park mit über 2.000 Gartenzwergen.
- Auf der Insel Shikoku (Japan) „leben“ über 300 lebensgroße Puppen statt Menschen.

Da wollen wir noch hin / waren wir schon:

☐ ....

☐ ....

☐ ....

☐ ....

Durchwandert eine Höhle! 36

Oder werft zumindest mal einen Blick hinein. Wenn ihr euch fürchtet, dürft ihr auch wieder umdrehen … Höhlen findet ihr überall auf der Welt. Es gibt sie in groß oder klein, feucht oder trocken, kalt oder warm, aber sie sind alle dunkel. Es gibt seltsame Gerüche, fremdartige Geräusche und mysteriöse Höhlenbewohner. Genau das Richtige für zwei abenteuerlustige Entdecker wie euch! In vielen Höhlen ist dein Vierbeiner willkommen und ihr könnt das spannende Dunkel gemeinsam erkunden. Lass die Leine sicherheitshalber dran, damit ihr euch nicht verliert. Wähle außerdem eine Höhle, die eurem Fitnesslevel angemessen ist – denn manche sind schwer erreichbar und warten mit Steilwänden auf. Denk bei der Höhlenauswahl auch daran, wie nass es für deinen Hund sein darf und dass es auch im Sommer ganz schön kalt dort drin sein kann.

War es in der Höhle zu dunkel für ein Foto?

Dann landet hier vermutlich nur ein schwarzes Bild

37 Macht eine Schnitzeljagd!

Du kannst ein Schnitzel wie eine Frisbeescheibe werfen und deinen Hund hinterherjagen lassen. Das würde bestimmt super funktionieren und ihm total viel Spaß machen. Noch spannender für euch beide ist aber eine richtige Schnitzeljagd! Dafür gibt es auf der ganzen Welt unterschiedliche Angebote. Das beliebte Geocaching, bei dem du dich mittels GPS auf Schatzsuche begibst, gibt es auch in Form von Geo-Dogging. Es gibt Krimitouren, bei der ihr gemeinsam Hinweise finden und Kriminalfälle lösen müsst. Du kannst Sets kaufen, bei denen dasselbe im Do-it-yourself-Style passiert. Oder du machst es komplett selbst, indem du deinem Hund Spuren legst.

Dafür kannst du zum Beispiel ein Leckerei wie ein Würstchen eine kurze Strecke über den Boden ziehen und am Ende der Duftspur verstecken. Oder du legst eine Keksspur aus, die zu einem riesigen Schatz an Leckereien führt. Da wird dein Hund bestimmt gerne Detektiv spielen!

!?

Workout mit Fell

Trainings-Abenteuer

Wozu ist eigentlich ein Hundesitter gut?

Du willst deinen Hund am liebsten ständig um dich haben. Und dein Hund will ständig um dich sein. Perfekt! Nur manchmal geht das eben nicht. Gewöhne ihn deshalb so bald als möglich an eine weitere Person, der du vertraust. Falls sich in deinem Umfeld niemand findet, der gerne spontan, jederzeit und zur Not auch mehrere Wochen auf deinen Hund aufpassen könnte, ergibt es Sinn, nach einem guten Hundesitter zu suchen. Frage dich zuerst selbst, was du von einem guten Sitter erwartest. Welche Qualifikationen sollte er haben, wie sollte der Alltag dort aussehen und was wäre für deinen Hund im Speziellen wichtig?

Hast du jemanden gefunden, der all deine Kriterien erfüllt, dann zeige auch deinem Hund, dass es in Ordnung ist, wenn er mal bei dieser anderen Person ist. Ist es für dich okay, dann ist es das auch für ihn. Lass dir gerne in deiner Abwesenheit Fotos und Videos schicken und lerne deinen Liebling so auch von einer anderen Seite kennen. Darf er dort vielleicht aufs Sofa? Dominiert er vielleicht einen anderen Hund? Bleibt er dort brav auf seinem Platz liegen, obwohl der Briefträger läutet? Vielleicht verhält er sich auswärts ganz anders als zuhause. Hilf ihm, sich auch ohne dich zurechtzufinden. Man weiß nie, wann man das plötzlich braucht.

„Vertrauen ist gut. Kontrolle ist besser.“

Sprichwort, Autor unbekannt

39 Lass deinen Hund stupsen!

Mit diesem Trick kann dein Hund Dinge mit der Nase anstupsen. Wozu das gut ist? Na, zum Beispiel, um einen schönen Nasenabdruck in Kapitel 5 hinzubekommen.

Du brauchst für die Stupserei nur einen bunten Klebezettel als „Ziel“. Bestücke das Ziel mit einem Duft, den dein Hund spannend findet. Du kannst es zum Beispiel mit Hühnerbrühe einsprühen, mit Leberwurst einschmieren oder einfach einen Hundekeks daran reiben.

Halte deinem Hund das duftende Ziel vor die Nase. Er wird daran schnuppern wollen und es mit der Nase berühren. Genau in dem Moment gibst du ihm das Kommando deiner Wahl – beispielsweise „Stups“, „Nase“ oder „Riech mal“ – und eine Belohnung.

Wiederholt das in kurzen Trainingseinheiten von maximal fünf Minuten an mehreren Tagen in Folge. Wenn das Kommando sitzt, kannst du das Ziel variieren, indem du den duftenden Klebezettel an anderen Zielen anbringst – zum Beispiel an einer Tür, die dein Hund aufstupsen kann.

Nach und nach kannst du versuchen, den Klebezettel und / oder den Duft wegzulassen.

40 Gib deinem Hund einen High five!

Für diesen Trick ist es gut, wenn dein Hund bereits „Sitz“ beherrscht. Es klappt aber auch im Stehen.

Nimm ein supergutes Leckerli in deine Hand. Wir reden hier von Speck oder etwas noch Schmackofatzigeres – etwas, das deine Fellnase um jeden Preis haben will. Drücke die Spitzenbelohnung mit deinem Daumen gegen deine Handfläche, um sie festzuhalten. Dann streckst du deinem Hund die Hand so entgegen, dass er die Leckerei sehen kann. Deine Hand ist dabei aufrecht, als würdest du jemanden zu einem High five auffordern.

Jetzt ist ein wenig Geduld gefragt. Dein Hund wird alles Mögliche versuchen, um an das Leckerli zu kommen. Früher oder später wird er es mit seiner Pfote probieren, wodurch es kurz so aussieht, als würde er dir einen High five geben. In diesem Moment gibst du ihm das Kommando deiner Wahl, zum Beispiel „Schlag ein“, „Gib fünf“ oder eben „High five“, und das Leckerli.

Wiederholt das in kurzen Trainingseinheiten von maximal fünf Minuten an mehreren Tagen in Folge. Nach der dritten Trainingseinheit kannst du mal versuchen, ihm die ausgestreckte Hand ohne ein Leckerli anzubieten und das Kommando zu geben. Falls es klappt, feierst du den Erfolg mit einem Keks und viel Lob!

Lass deinen Hund herumlaufen! 41

Und zwar nicht einfach nur in der Gegend, sondern um einen Gegenstand herum. Dadurch könnt ihr Spaziergänge aufregender gestalten und auch mal ein spannendes Wettrennen wie in Kapitel 1 (Seite 23) machen.

Starte drinnen, indem du einen beliebigen Gegenstand mitten in den Weg stellst. Am besten nimmst du dafür etwas, das du später ebenfalls mit nach draußen nehmen kannst, zum Beispiel einen umgedrehten Wäschekorb.

Stell dich mit deinem Hund Seite an Seite vor das Hindernis und bewaffne dich mit Leckerlies. Halte ihm einen Keks vor die Nase und locke ihn damit einmal um das Hindernis herum. Falls ihr Startschwierigkeiten habt, kannst du deinen Hund anfangs auch für Teilschritte belohnen – zum Beispiel, wenn er einmal halb um das Hindernis herum ist.

Sobald dein Hund das Hindernis komplett umrundet hat, bekommt er ein Leckerli. Wenn er es zwei- oder dreimal hintereinander in einer flüssigen Bewegung schafft, kannst du zusätzlich zum Leckerli das Kommando einbauen – beispielsweise „rundherum“ oder „Kreis“. Hilfreich ist außerdem eine spezielle Handbewegung, die deinem Hund das Umrunden andeutet.

Wiederholt das Training in maximal zehnminütigen Einheiten an mehreren Tagen hintereinander. Sobald es drinnen zuverlässig klappt, könnt ihr euer Training nach draußen verlegen. Dabei hilft es ihm, wenn das Hindernis dasselbe bleibt. Alternativ kannst du aber auch

drinnen beginnen, das Hindernis willkürlich auszutauschen und erst nach draußen wechseln, wenn dein Hund zuverlässig alles umrundet, was du ihm vor die Nase setzt.

Irgendwann kannst du den Keks dann weglassen und deinen Liebling nach Lust und Laune um Bäume herumschicken oder Personen umrunden lassen.

42 Lass deinen Hund sich verneigen!

Bestimmt kennst du diese Position von deinem Hund, die so aussieht, als würde er sich vor seinem Herrscher verneigen: Schnauze und Brustkorb nah am Boden, Hinterteil in der Höhe. Falls du bisher gedacht hast, er verneigt sich tatsächlich von dir, wirst du jetzt enttäuscht sein. Diese angedeutete Verbeugung machen Hunde unter anderem, um sich zu strecken oder andere Hunde zum Spiel aufzufordern.

Falls dein tierischer Partner diese Bewegung sehr häufig macht, kannst du das nutzen, um ihm diesen Trick beizubringen: Gib ihm dazu einfach im richtigen Moment ein Leckerli und das Kommando deiner Wahl, beispielsweise „Verbeugung“, „Verneig dich“ oder „Diener“. Achte dabei auf das korrekte Timing – wenn das Hinterteil bereits auf dem Boden ist, ist es zu spät.

Aber auch, wenn dein Hund sich nicht ohnehin mehrmals täglich verneigt, kannst du ihm diese Geste beibringen. Dazu setzt du dich vor ihm auf den Boden und hältst ihm einen Keks vor die Nase. Führe den Keks dann nach unten und leicht in Richtung Hund. Er wird dem Keks mit der Nase folgen und irgendwann in der richtigen Position landen. Dann ist wieder das richtige Timing entscheidend.

43 Lass deinen Hund aufrecht stehen!

„Männchen machen“ klingt für deine Fellnase vielleicht erstmal old-school, tatsächlich hat das aber kein Verfallsdatum. Und die meisten Hunde lernen das im Nullkommanix. Keine Sorge: Für ambitionierte Mensch-Hund-Teams bietet auch dieses Training Herausforderungen. Du kannst aus drei Levels wählen.

Hunde-Azubi: Lernt das klassische Männchen. Bring deinen Hund zum Sitzen und halte dann ein Leckerli über seinen Kopf – gerade so hoch, dass er nicht rankommt. Er wird erst den Kopf und irgendwann auch die Pfoten heben, um den Keks zu ergattern. In diesem Moment gibst du ihm die Belohnung und das Kommando, beispielsweise „Männchen“ oder „Steh auf“. Achtung: Dein Hund sollte sich nur mit dem Oberkörper aufrichten! Hebt er sein Hinterteil vom Boden, bleibt der Keks bei dir und ihr beginnt von vorn.

Rudelführer: Bring deinen Hund ins Männchen. Dann befolgst du unsere High-five-Anleitung – noch besser: Dein Hund beherrscht das High five bereits! Nur, dass du deine Hand wegziehst, bevor er einschlagen kann. Durch seinen Versuch, deine Hand zu erwischen, entsteht ein Winken. Du gibst ihm das Kommando – beispielsweise „Winken“ oder „Bye“ – und eine Belohnung. Jetzt kann dein Hund aufrecht stehen und dabei winken.

Hundeprofi: Bring deinen Hund mit einem Leckerli ins Männchen. Sobald er steht, schiebst du dein Bein vorsichtig zwischen seine Vorderbeine – im Idealfall, ohne ihn dabei umzurempeln. Sobald er dein Bein mit seinen Pfoten berührt, gibst du ihm den Keks. Wiederholt das mit dem Ziel, dass dein Hund mit seinen Vorderpfoten dein Bein umklammert. Wenn er das tut, kannst du das Kommando „Umarmen“ etablie-

ren. Zeigt dein Vierbeiner Talent dafür, kannst du ihn auch andere Dinge umarmen lassen – einen Baum, ein riesiges Stofftier oder einen anderen Hund.

Standing Ovations!

Und lass sie ihn dann selbst wieder schließen! Türen hinter sich zu schließen, gehört schließlich zum guten Ton. Mit unserer Stups-Anleitung kannst du deinem Hund zwar auch beibringen, Türen auf- oder zuzuschubsen, aber die meisten Hunde möchten mit ihrer Nase nicht so fest dagegen drücken, dass die Türe wirklich schließt. Mit der Pfote aber schon.

Nimm zunächst einen Gegenstand, den dein Hund leicht umschubsen kann – zum Beispiel eine leere Plastikflasche. Platziere sie im Raum und mache ihn darauf aufmerksam. Die meisten Hunde werden rasch versuchen, die Flasche mit der Pfote umzuschubsen – falls dein Vierbeiner das nicht von selbst macht, kannst du ihn dazu motivieren, indem du dich auf die andere Seite der Flasche auf den Boden setzt und ihn zu dir lockst.

Sobald dein Hund die Flasche umwirft, gibts eine Riesenparty mit viel Lob und Leckerlies. Dazu gehört wie immer ein Kommando, beispielsweise „Schließen", „Schlag zu" oder „Tür". Wiederhole die Übung für maximal zehn Minuten.

Am nächsten Tag kannst du die Plastikflasche durch einen etwas schwereren Gegenstand ersetzen. Achte aber darauf, dass der Gegenstand beim Umfallen kein lautes Geräusch macht, das ihn vielleicht erschreckt. Im Zweifel kannst du einen Teppich oder ein Badetuch unterlegen.

Trainiert mehrere Tage in Folge für maximal zehn Minuten am Stück. Sobald dein Hund zuverlässig alles umschubst, was ihm in die Quere kommt, kannst du dazu übergehen, ihm das Kommando an der Tür zu

geben. Damit er sie auch wirklich schließt, gibt es zwar immer Lob, wenn er die Tür mit der Pfote bewegt – aber den Keks gibts erst, sobald die Tür ins Schloss fällt.

Lass dann nach und nach die Belohnungen weg. Und hoffe, dass dein Hund dich mit seiner neu erlernten Fähigkeit nicht irgendwann aus deinem Haus ausschließt.

45 Mach deinen Hund zum Fußballer!

Eigentlich bewegt er den Ball ja mit der Nase, aber „Nasenballer" klingt irgendwie doof. Der Übungsaufbau ist derselbe wie beim Stupsen am Anfang dieses Kapitels, aber statt eines bunten Klebezettels soll dein Hund diesmal einen Ball anstupsen. Um es ihm leichter zu machen, kannst du am Anfang einen eher leichten Ball wählen, beispielsweise aus Stoff, und die Größe darf ein paar Nummern größer sein. Lege den Ball auf den Boden und bringe deinen Hund zum Stupsen. Falls er das Stups-Kommando schon beherrscht, kannst du das für den Anfang nutzen. Sobald er den Ball berührt hat, bekommt der tierische Buddy einen Keks.

Wenn das zuverlässig klappt, gibts den Keks erst, wenn der Ball ein Stückchen gerollt ist. Dann gibst du das (neue) Kommando – das könnte beispielsweise „Ball", „Tor" oder der Name deines Lieblings-Fußballers sein. Falls dein Hund Schwierigkeiten hat, den Ball ins Rollen zu bringen, kannst du ihn etwas erhöht auf einen Futternapf legen, in dem ein Leckerli liegt. Sobald dein Hund den Ball wegstupst, um an den Keks zu kommen, gibst du das Kommando und Lob. Erhöhe dann langsam die Anzahl der Stupser und die Distanz, die der Ball rollen muss, bevor du deinen Spielkameraden belohnst. Du kannst die Strecke auch mit einem Tor begrenzen – das kann eine selbstgebastelte Begrenzung oder ein Stuhl sein – und deinen Vierbeiner langfristig erst belohnen, wenn er Torschütze ist.

Nach dem Spiel ist vor dem Spiel.

46 Lass deinen Hund tanzen!

Und zwar so, wie es sich für Hunde gehört: auf allen Vieren. Tricks auf zwei Beinen sehen zwar spaßig aus, sind für den Bewegungsapparat des Hundes aber eine riesige Belastung und sollten deshalb eher sparsam ausgeführt werden.

Für diese Drehung bleiben alle vier Pfoten auf dem Boden und dein Hund lernt sie superschnell. Halte ihm einfach ein Leckerli vor die Nase und führe es langsam mit einer Kreisbewegung an seinem Kopf vorbei über den Rücken – so, dass dein Hund sich automatisch dreht, wenn er dem Keks mit seiner Nase folgt. Sobald er sich einmal um sich selbst gedreht hat, gibst du ihm das Leckerli und ein Kommando. „Dreh dich“, „Tanz“ oder „Juhu“ sind dafür nur einige Ideen, such dir etwas Lustiges aus! Nach und nach kannst du das Tempo deiner Handbewegung erhöhen, bis dein Wirbelwind sich so schnell dreht, wie es ihm ohne Schwindelanfall möglich ist.

Tipp: Behalte die Handbewegung für das Kommando bei, auch wenn sich dein Hund schon ohne Keks gerne dreht. Das visuelle Kommando ist für die meisten eine gute Unterstützung und funktioniert auch noch, wenn die Hundeohren es nicht mehr tun.

Lass deinen Hund herumrollen! 47

Wie süß sieht es bitte aus, wenn ein Hund sich auf den Rücken rollt? Leider machen das nicht alle gerne, aber zum Glück kannst du es deinem Liebling beibringen. Bringe ihn dazu zum Liegen und halte ihm das unwiderstehlichste Leckerli vor die Nase, das du finden kannst. Halte ihm das Objekt der Begierde so nah vor die Nase, dass er es mit der Schnauze leicht berührt. Dann führst du deine Hand langsam in die Richtung, in die dein Hund sich rollen soll, über seinen Kopf in einer Halbkreisbewegung den Rücken entlang.

Bei dieser Übung ist Geduld gefragt. Falls deine Fellnase sich nicht gerne auf den Rücken dreht, werdet ihr vermutlich einige Versuche brauchen, bevor er sich auf der Jagd nach dem Superleckerli wirklich einmal herumrollt. Achte darauf, die Bewegung nicht zu schnell auszuführen und erhöhe im Zweifel den Einsatz: Speck, Banane oder Käse sind für viele Hunde das Nonplusultra.

Sobald sich dein Hund einmal gerollt hat, gibt es wie üblich das Kommando und die Belohnung. Übt das einmal täglich für maximal zehn Minuten. Bald ist dein Hund ein richtiger Rollmops!

Je kuschelbedürftiger du bist, desto mehr wirst du diesen Trick lieben. Das erklärte Ziel ist es, dass dein Hund in deinen Armen liegt. Sportliche Hunde können ihren stehenden Menschen vom Boden direkt in die Arme springen, aber auch die weniger ambitionierten kommen bei dieser Übung auf ihre Kuschelkosten.

Starte damit, dass du dich zu deinem Hund auf den Boden setzt und ihn auf deinen Schoß lockst. Manche sitzen so schnell auf dir drauf, dass du es gar nicht verhindern kannst, bei anderen musst du etwas nachhelfen. Das kannst du tun, indem du jede Berührung mit einem Leckerli belohnst, bis er mit allen Vieren auf deinem Schoß steht oder sitzt. Lege deine Arme dann so um deinen Hund, wie du es tun würdest, wenn du ihn in der Luft festhalten müsstest. Halte diese Umarmung kurz und sanft und gib ihm dabei ein Kommando und eine Belohnung. Das Kommando könnte zum Beispiel „Kuscheln“ sein.

Wenn das auf dem Boden gut klappt, kannst du dich langsam immer höher setzen. Falls dir dein Hund ohnehin bei jeder Gelegenheit auf den Schoß springt, kannst du direkt auf dem Sofa oder auf einem Stuhl starten. Sobald er sich mit dem Raufspringen und der Umarmung wohlfühlt, kannst du deinen Hund immer zum Kuscheln zu dir rufen.

Falls deine Fellnase eher unsportlich oder so groß ist, dass du ihn nicht heben kannst, habt ihr den Trick hiermit gelernt. Gut gemacht!

Wenn ihr sportlich ambitioniert seid und du deinen Hund hochheben kannst, ohne direkt danach einen Notarzt zu brauchen, könnt ihr weitermachen, indem ihr die Übung schrittweise erweitert:

- Heb deinen Hund während der Umarmung kurz hoch.

- Heb deinen Hund während der Umarmung hoch, steh kurz auf, setz dich wieder hin.

- Heb deinen Hund während der Umarmung hoch, steh auf, halte ihn noch kurz und setz ihn aus dem Stehen wieder ab.

Wenn das alles klappt, kannst du ihn auch im Stehen dazu animieren, dir in die Arme zu springen. Geh den nächsten Schritt immer erst, wenn sich dein Liebling mit dem Schritt davor auch wirklich wohlfühlt. Im Zweifel macht ihr nochmal einen Schritt zurück und übt weiter, bis es klappt.

49 Lass deinen Hund balancieren!

Eine gute Balance ist nicht nur in eurer Mensch-Hund-Beziehung wichtig, sie unterstützt ihn auch, sich sicher durchs Leben zu bewegen. Diese Übung kann ihm zu einem besseren Körpergefühl und mehr Trittsicherheit verhelfen.

Such dir dazu ein Brett, über das dein Hund laufen kann. Es sollte in Breite, Länge und Dicke zu ihm passen – also vielleicht eher kein Bambusstab für den Bernhardiner und kein halber Baumstamm für den Zwergdackel. Lege das Brett in einer Umgebung, in der dein Hund sich wohlfühlt, auf den Boden. Locke ihn dann mit Leckerlis auf das Brett und belohne jede kleine Berührung sofort. Nach und nach sollte dein Hund vorsichtig ein paar Schritte über das Brett laufen, bevor er einen Keks und ein Kommando (beispielsweise „Balance“) bekommt. Achte immer darauf, dass dein Hund schön gerade über das Brett läuft, damit er nicht abrutscht. Außerdem sollte er niemals seitlich von dem Brett herunterspringen, damit er sich beim späteren, richtigen Balancieren nicht verletzt.

Wenn das alles sicher klappt, kannst du das Brett langsam aufbocken. Achte dabei immer darauf, dass die Konstruktion sicher und stabil ist und nichts wackelt oder Geräusche macht. Dann beginnt ihr von vorn mit dem Üben.

Denk dran: Auch wenn dein Hund schon hundertmal über das Brett auf dem Boden gelaufen ist – in der Luft über ein schmales Brett zu laufen, findet er vielleicht trotzdem gruselig. Macht also schön langsam und in eurem Tempo. So oder so stärkt jede Übungseinheit die Balance deines Hundes und eure Bindung.

Sei ein Slalom für deinen Hund! 50

Du hast bestimmt schonmal gesehen, wie süß es aussieht, wenn ein Hund im Slalom durch die Beine seines Menschen läuft. Das ist eine ganz einfache Übung, die euch beiden Spaß macht und eure Bindung stärkt.

Stellt euch dafür nebeneinander auf. Jetzt machst du mit einem Bein einen großen Schritt nach vorn und lockst deinen Hund mit einem Leckerli in der Hand zwischen deinen Beinen hindurch. Falls er nur zögerlich mitmacht, kannst du ihm den Keks schon auf halbem Weg geben. Sobald er durchgelaufen ist, gibst du ihm ein Kommando – beispielsweise „Durch“ oder „Slalom“ – und eine Belohnung. Nach und nach kannst du deine Schrittlänge reduzieren und das Tempo erhöhen, und schon bald sieht es ganz natürlich aus.

Falls dein Hund so groß ist, dass du bei diesem Trick am Ende auf ihm sitzen würdest wie auf einem Pferd, solltet ihr die Übung etwas abwandeln. Statt durch deine Beine soll er einfach vor dir hin- und herlaufen. Du wirst dabei quasi zur lebendigen Slalomstange. Dafür braucht ihr gutes Timing und Geschick. Aber wer sonst, wenn nicht ein so großartiges Team wie ihr beide, könnte das hinbekommen?

51 Macht Knigge stolz!

Kennst du das? Du bist mit dem Hund unterwegs, Leute kommen euch entgegen und versteifen sich, wollen ausweichen oder gar umdrehen? Nicht jeder mag Hunde. Deinen aber schon! Denn der ist besonders höflich. Mit ein bisschen Übung beherrscht er den fliegenden Seitenwechsel, weicht mit ganz kleinen Hilfen von deiner Seite aus, geht auf deine andere Seite oder, wenn du stehen bleibst, stellt sich ganz knapp zwischen dich und die Hauswand oder legt sich sogar hin. Da muss sich keiner mehr fürchten.

Das alles ist ganz leicht zu trainieren. Du musst es nur oft genug wiederholen. Am besten, du leitest anfangs jedes Kommando mit einer großen Geste ein. Zum Beispiel den Seitenwechsel. Dazu nimmst du deinen Hund an die linke Seite und hältst die Leine in der linken Hand. Dann greifst du mit großer Geste mit der rechten Hand nach der Leine, machst einen deutlichen Schritt zurück und führst deinen Hund in einem weiten Bogen an die rechte Seite. Das kann man schon im Wohnzimmer üben. Habt ihr das oft genug wiederholt, reicht es später vermutlich, wenn du nur andeutungsweise mit der jeweils anderen Hand nach der Leine greifst oder einfach nur dein Gewicht ein wenig nach hinten verlagerst. Schon wechselt dein Hund die Seite – fast so, also wäre es seine Idee gewesen!

„Höflichkeit ist Klugheit,
folglich ist Unhöflichkeit Dummheit."

Arthur Schopenhauer, Philosoph

Lass deinen Hund den Fang seines Lebens machen! 52

Ein Trick zum Angeben! Es sieht ziemlich cool aus, wenn dein Hund Dinge in der Luft fängt. Dafür gilt ganz einfach: üben, üben, üben. Ihr könnt euch selbst herausfordern, indem ihr alle Levels ausprobiert.

Hunde-Azubi: Wirf deinem Hund einen Keks zu. Anfangs flach und genau auf seine Schnauze, damit das Fangen leichter wird. Wenn er es fängt, gib ihm ein passendes Kommando – zum Beispiel „Fang“, „Fass“ oder „Schnapp“. Wenn die Fellnase zuverlässig fängt, kannst du Weite, Höhe und Winkel deines Wurfs variieren.

Rudelführer: Halte die Schnauze deines Hundes vorsichtig zu und lege ein Leckerli auf seine Nase. Dafür nimmst du am besten etwas, das nicht unglaublich verführerisch duftet. Gib ihm direkt ein passendes Kommando wie „Halten“. Wenn er es schafft, ein paar Sekunden stillzuhalten, löst du die Situation auf und gibst ihm eine Belohnung. Je länger er das aushält, desto besser!

Hundeprofi: Dein Hund fängt alles, was du ihm zuwirfst, und sitzt stundenlang mit einem Keks auf der Nase herum? Dann verbindet doch mal beides! Während er das Leckerli auf der Nase balanciert, gibst du ihm das Kommando zum Fangen. Anfangs wird er vielleicht verwirrt sein – dann kannst du ihm zusätzlich einen Keks zuwerfen, um den Fangreflex auszulösen. Langfristig ist das Ziel, dass er das Leckerli von seiner Nase in die Luft wirft und auffängt. Habt Geduld und übt fleißig!

53 Mach einen lautlosen Ninja aus deinem Hund!

Dieser Trick kommt aus der Rettungshunde-Ausbildung und kann durchaus wichtig sein, wenn der vierbeinige Held auf seiner Mission in besonders enge Areale vordringen muss. Für euch kann es auch praktisch werden, wenn ihr zum Beispiel einen Schlammlauf wie in Kapitel 1 (Seite 34) machen oder unbemerkt in ein Haus einbrechen wollt. Was ihr damit anstellt, liegt in deiner Verantwortung, aber so einfach lernt dein Hund kriechen:

1. Bring deinen Hund zum Liegen.
2. Halte ein Leckerli vor seine Nase und so tief, dass es den Boden berührt.
3. Ziehe das Leckerli gaaaanz langsam vor deinem Hund her, bis er beginnt zu robben.
4. Sobald er die Kriechbewegung macht, bekommt er Lob, den Keks und ein Kommando.
5. Dann kannst du die Distanz, die er kriechen muss, um das Leckerli zu bekommen, nach und nach erhöhen.

Es kann etwas dauern, bis dein Hund dem Leckerli hinterherkriecht – anfangs wird er vielleicht eher aufstehen. In diesem Fall bleib ruhig und beginne von vorn. Du kannst deinem Hund den Einstieg erleichtern, indem du ihm den Keks von der anderen Seite eines niedrigen Tisches oder Stuhls anbietest. Oder du setzt dich zu ihm auf den Boden und stellst dein Bein so auf, dass er gerade so untendurch robben kann. Sobald er sich an die Kriechbewegung gewohnt hat, solltest du ohne Hindernis weiter trainieren.

Mein kleiner Ninja.

54 Verstaue deinen Hund platzsparend!

Für diesen Trick sollte dein Hund sich entweder auf Kommando hinsetzen oder ohne Grund entspannt in der Gegend herumsitzen können. Wenn ihr die Übung schafft, habt ihr einen großen Zugewinn in beengten Situationen, zum Beispiel in der proppenvollen U-Bahn. Das Ziel ist, dass dein Hund zwischen deinen Beinen sitzen bleibt – der Übungsaufbau hängt also davon ab, wie er reagiert, wenn du dich über ihn stellst.

Probiere das einfach mal aus, indem du deinen Hund sitzen lässt und dann langsam und unaufgeregt auf ihn zugehst. Stell vorsichtig je ein Bein links und rechts von ihm ab, bis du genau über ihm stehst. Klappt das gut, versuch das Ganze nochmal rückwärts. Belohne deinen Hund, wenn er in dieser Situation brav sitzen bleibt.

Falls dein Hund unruhig wird, versuch´s umgekehrt: Stell dich breitbeinig auf und locke deinen Hund von hinten durch deine Beine. Wenn er mittig steht, bring ihn zum Sitzen. Hierfür braucht ihr vermutlich ein paar Anläufe und etwas mehr Übung.

Sobald er den Trick brav beherrscht, kannst du das Kommando etablieren. Finde dafür exakt den Zeitpunkt, in dem er zwischen deinen Beinen sitzt und dir erwartungsvoll in die Augen sieht. Gib ihm das Kommando – beispielsweise „Kuckuck“, „Versteck dich“ oder „Enge Kiste“ – und eine Belohnung.

Übt das in eurer Variation täglich für jeweils maximal zehn Minuten, bis dein Hund sich auf Kommando zwischen deine Beine setzt und dich anguckt, bis du die Situation auflöst.

Plane dafür einige Zeit und noch mehr Kekse ein! Aber es lohnt sich, denn in der nächsten beengten Situation kannst du deinen Hund platzsparend zwischen deinen Beinen aufbewahren.

Bring ihm tauschen bei! 55

Es kann immer wieder Situationen geben, in denen dein Hund jetzt sofort loslassen soll, was immer er gerade im Maul hat – und damit meine ich gar nicht den Briefträger oder Nachbars Katze, sondern vielleicht den modrigen Knochen aus dem Garten, deinen neuen Lieblingsschuh oder das Spielzeug eines anderen Hundes. Indem dein Hund lernt, dass er alles gegen etwas noch Besseres tauschen kann, wird er es gerne loslassen.

Dazu brauchst du nur etwas Käse, Leberpastete oder getrockneten Fisch – was auch immer verlockend riecht und ihm schmeckt. Biete es ihm an und sage zum Beispiel „Lass los!". Wenn es klappt, wird natürlich wirklich „getauscht" und viel gelobt. Später brauchst du gar keinen Tauschhandel mehr. Das Kommando und deine anschließende Freude reichen vollkommen.

> *„Der beste Tausch ist der,*
> *bei dem beide Parteien gewinnen."*
>
> *Kalenderspruch, Autor unbekannt*

56 Sucht, sucht, sucht!

Kennst du das? Gerade noch hattest du deine Brille, deine Schlüssel oder dein Handy – und plötzlich ist es weg! Ganz gleich, wo und wie lange du suchst, es taucht nicht auf. Wertvolle Zeit vergeht und endet in Ärger oder Sorgen. Mit deinem Hund kann das Suchen zu einem lustigen Spiel werden. Suchen und natürlich auch finden lassen kann man im Prinzip alles – zum Beispiel den Ball, den man mal nicht geworfen, sondern lieber versteckt hat, oder auch sich selbst, wenn Hund mal nicht herschaut. Wer mit Autoschlüssel, Brille oder Handy zuhause Suchspiele macht, hat in der Not einen echten Helfer.

Damit diese Gegenstände überall mit der Nase deines Hundes auffindbar sind, kannst du für sie einen besonderen Duft wählen. Ob Kokosöl, Lavendel oder ein bestimmtes Parfum – der Duft sollte natürlich angenehm für dich sein. Hast du ein bestimmtes Parfum, das du gerne verwendest? Dann findet dein Hund sicher auch den Handschuh oder die Geldbörse, wenn sie einmal auf einem Spaziergang verloren gehen. Ein Tipp noch zum Autoschlüssel: Leichter kann dein Hund ihn aufheben, wenn er einen größeren Anhänger hat. Ein kurzer Strick oder ein verknotetes Tuch sind etwa ideal. Das Suchspiel kann selbstverständlich noch weiter gedacht werden – zum Beispiel, wenn es um die Pilzsuche geht. Es muss nicht immer Trüffel sein. Auch Herrenpilze oder Pfifferlinge kann dein Hund für dich finden. Und wenn er diese dann gefunden hat – diesen Gesichtsausdruck vergisst man nie!

„Es lässt sich nichts finden, man muss den Dingen beistehen, dass sie sich finden lassen."

Johann Nepomuk Nestroy, Schauspieler und Bühnenautor

Erst im Haus, dann auf der Straße! 57

Ganz gleich was du in einer Hundeschule tust, du kannst alles zuerst zuhause üben. Hier gibt es weniger Ablenkung und die Wohnung wird zum Trainingsplatz. Das Phänomen der Hundeschule („Hier ist er ja brav!") kannst du somit ideal für zuhause nutzen, also für den Ort, an dem du dich die meiste Zeit mit deinem Hund aufhältst und wo du dich freust, wenn er nicht nur seinen eigenen Interessen folgt. Für deinen Hund ist das keine Einschränkung oder Bestrafung, sondern ein Zeichen deiner Zuwendung und wieder eines der wunderbaren Spiele, die die Bindung zwischen euch stärken.

Nimm dazu eine Hausleine – also eine, die nicht klappert, wenn dein Hund sie nachzieht – und führe ihn damit von Übung zu Übung, so wie man ein Kind erst mal an der Hand nimmt. Später kannst du die Leine auch loslassen. Der Vorteil einer Leine? Mechanische Hilfen versteht dein Hund sofort, du musst nicht reden (Worte verwirren) oder ständig füttern (Leckerlis lenken seine Aufmerksamkeit mehr auf das Futter als auf die Übung) oder gar schimpfen. Klappt das „Sitz!", „Platz!" oder „Bleib!" nicht sofort, kannst du deinen Liebling einfach wieder zurück in die Übung führen, ohne viel zu reden.

Und nicht vergessen: nur Loben!!! Schimpfen bringt gar nichts (Knurr!). Tatsächlich schadet es sogar, denn du betonst damit ausgerechnet das Verhalten, das du nicht verstärken willst, du verwirrst deinen Hund und gefährdest im schlimmsten Fall sogar eure wunderbare Beziehung.

Eines vorweg: Zu 100 Prozent sicher ist man nie. Der Hund ist keine Maschine und auch der folgsamste Begleiter kann so stark abgelenkt sein, dass er den Rückruf schlichtweg „überhört“. Aber du kannst die Wahrscheinlichkeit erhöhen. Hier ein paar Tipps:

Probiere sie gemeinsam mit deinem Hund aus. Ärgere dich nicht, wenn er auch nach mehreren Wiederholungen nicht jedes Mal „folgt“. Das heißt nur, dass er es noch nicht sicher kann und ihr eben noch üben müsst. Etwa 3.000 Wiederholungen braucht er vermutlich!

Übe zuerst in der Wohnung. Locke deinen Hund zu dir – zum Beispiel mit einem Leckerbissen. Sobald die Hundenase deine Hand berührt, sagst du „Hier“, lobst und fütterst deinen Schatz. Du kannst den Leckerbissen auch weglassen. Dann musst du ihn mit deiner Stimme und Körpersprache locken und ebenso deine Freude zeigen, wenn er alles richtig gemacht hat. Du musst nicht immer mit Futter arbeiten. Probiere gerne beides aus. Wiederhole diese Übung mehrere Male .

Diese Übung kannst du nun im Garten, in einer Hundezone oder auch unterwegs wiederholen. Nimm dabei zur Sicherheit eine lange Leine. Mach dir keine Sorgen, wenn die Ablenkung zu groß ist und dein Hund keine großen Bemühungen macht, zu dir zu kommen. Motiviere ihn einfach weiter, verkürze die Distanz, mach es ihm so leicht wie möglich, das Richtige zu tun, und lobe ihn anschließend. Du kannst ihm gerne helfen und die Übungen wieder leichter machen, aber lass es ihm nicht durchgehen, wenn er gar nicht mitmachen will. Sei einfach ein bisschen sturer als dein Hund. Du wirst sehen, bald weiß er, dass er am Ende doch das Richtige tun sollte – und dass es sich natürlich auch für ihn lohnt.

Drinnen ist des Menschen Wohnzimmer

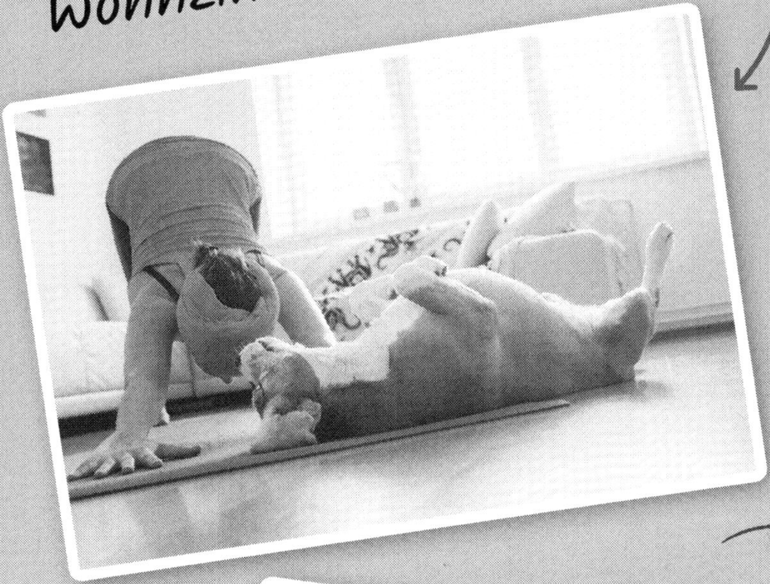

Indoor-Abenteuer

59 Teilt euch etwas zu essen!

Du hast richtig gelesen: Heute verstoßt ihr mal gegen alle Benimm- und Erziehungsregeln und teilt euch etwas zu essen. Das kann ein Stück Obst sein (Apfel und Banane lassen sich sehr gut teilen, aber bitte nicht abwechselnd abbeißen) oder auch ein ganzes Abendessen. Wichtig ist, dass es ungefährlich für deinen Hund bleibt – lass also in diesem Fall die Finger von zuckerhaltigen oder stark gewürzten Speisen. Ihr dürft auch mit Spaghetti die berühmte Szene aus „Susi & Strolch“ nachspielen oder gleichzeitig von beiden Seiten in eine Brezel beißen, wenn du sicher bist, dass deine Nase dranbleibt. Alles ist erlaubt!

Hier etwas Inspiration für eure Mägen:

Die Moro'sche Karottensuppe

Dieses Rezept darf in keinem Hunde-Haushalt fehlen. Die Suppe schmeckt deinem Schatz nicht nur gut, sie hilft auch hervorragend gegen Bauchweh und Durchfall.

Du brauchst dazu nur:

- 500 g Karotten (geschält und klein geschnitten)
- 1 Liter Wasser
- 1 Teelöffel Salz

Lass alles zusammen mindestens 90 Minuten köcheln. Erst dann bilden sich Stoffe aus der Karotte, an denen die Krankheitserreger im Darm haften bleiben und ausgeschieden werden können. Tipp: Du kannst die Suppe auch mit etwas magerem Fleisch und weich gekochtem Reis gemischt servieren. Gekühlt bleibt sie zwei Tage haltbar, gefroren natürlich noch länger.

Tipp: Da das berühmte „Betteln bei Tisch" tatsächlich genau auf diese Art antrainiert wird, veranstaltet ihr eure geteilte Mahlzeit am besten nicht dort, wo die Menschen bei euch normalerweise essen.

„Ein gut erzogener Hund wird nicht darauf bestehen, dass du die Mahlzeit mit ihm teilst. Er sorgt lediglich dafür, dass dein Gewissen so schlecht ist, dass sie dir nicht mehr schmeckt."

Helen Thomson

60 Spürnasen-Challenge!

Gib es ruhig zu: Auch du hast es als Kind gefeiert, dich zu verstecken – und wer liebt es nicht, nach versteckten Schätzen zu suchen?! Für deinen Hund gilt das noch mehr, weil er seine geniale Nase als Trumpf hat.

Allerdings musst du ihm die Spielregeln erst beibringen. Beginne, indem du einen Gegenstand, den er unbedingt haben möchte, vor seinen Augen irgendwo hinlegst. Er muss aber warten und darf ihn erst auf dein Kommando (zum Beispiel „Such") holen. Damit übt ihr ganz nebenbei die Impulskontrolle.

Wenn das gut klappt, kannst du den Gegenstand (oder das Leckerli) immer trickreicher verstecken – irgendwann darf dein Hund dir beim Verstecken nicht mehr zugucken und muss sich beim Suchen ganz auf seine Nase verlassen.

Extra-Challenge für Versteckspiel-Profis: Versteck dich einmal selbst und ruf deinem Hund das Such-Kommando aus deinem Versteck heraus zu! Wie lange hat es gedauert, bis er dich gefunden hat?

- ☐ Das Kommando war kaum ausgesprochen, da hatte er mich schon
- ☐ Ein paar Minuten hat er schon gesucht
- ☐ Ich hocke immer noch in meinem Versteck, hier lebe ich jetzt
- ☐ ....

Yoga mit Hund liegt voll im Trend und wird sogar in einigen Yoga-Studios angeboten. Aber ihr könnt auch zuhause ein paar Übungen machen, und du musst dazu kein Yoga-Profi sein. Das Schöne daran: Wenn dein Hund sehr quirlig ist, kann er damit etwas Entspannung lernen. Wenn er eher ruhig ist, ist Doga ohnehin genau das Richtige für ihn. Und für dich gibts Lach-Garantie, wenn dein Hund nicht genau das macht, was beim Yoga so üblich ist – und das ist so gut wie sicher! Tastet euch gemeinsam an euer Doga-Level heran.

Hunde-Azubi: Doga-Atemübung. Legt euch gemeinsam auf den Boden und entspannt euch. Lege eine Hand flach auf deinen Bauch, die andere Hand flach auf den Bauch oder die Seite deines Hundes. Spüre seine Atemzüge und versuche, deinen Atem mit seinem in Einklang zu bringen.

Rudelführer: Herabschauender Hund. Diese Übung ist ja schon nach Hunden benannt, was kann da so schwer sein? Tatsächlich kannst du deinem Vierbeiner den Herabschauenden Hund mit unserer Verneigen-Anleitung in Kapitel 3 beibringen. Für dich geht das so: Setz dich hüftbreit auf deine Knie und stelle deine Hände flach unter deinen Schultern auf. Richte die Zehen auf und streck die Beine und Arme durch, sodass dein Gesäß nach oben zeigt und dein Kopf nach unten. Nehmt in dieser Position fünf tiefe, entspannende Atemzüge.

Hundeprofi: Heraufschauender Hund. Diese Übung ist für dich leichter als für deinen Hund – obwohl sie nach ihm benannt ist. Lege dich flach auf den Bauch und strecke die Beine lang nach hinten aus. Stütze deine Hände flach unterhalb der Schultern auf und drück deinen Oberkörper nach oben – alles ab dem Bauchnabel abwärts bleibt fest auf dem Boden. Streck deinen Oberkörper lang, leg den Kopf in den Nacken und sieh zur Decke. Deinen Hund bringst du in diese Position, indem du ihn mit einem Leckerli aus einer liegenden Position dazu bringst, den Kopf und die Brust leicht anzuheben. Nehmt in dieser Position fünf tiefe, entspannende Atemzüge.

62 Meditiert gemeinsam!

Hunde leben von Natur aus im Moment, sie grübeln nicht über Vergangenes und machen sich keine Sorgen um die Zukunft. Beneidenswert, nicht wahr? Sie sind außerdem nicht nachtragend und können sich wenige Augenblicke nach einem Konflikt mit Artgenossen wieder versöhnlich zeigen. Sind die Fronten geklärt, gibt es keinen Grund mehr zu streiten. So ein Verhalten würde ich mir von uns Menschen auch oft wünschen! Persönlich finde ich aber vor allem diese unbändige Lebensfreude meines Hundes ansteckend. Er kann sich voll und ganz dem Genuss einer Kaustange hingeben oder einem ausgelassenen Spiel widmen. Er lebt mit all seinen Sinnen genau jetzt. Sein Leben besteht aus einer wunderbaren Abfolge von spannenden und erholsamen Augenblicken.

Das kannst du von deinem Vierbeiner lernen, indem ihr zusammen meditiert. Gleichzeitig stärkt ihr dadurch eure Bindung und lernt gemeinsam, mit freiem Geist zur Ruhe zu kommen.

Legt euch dafür bequem hin. Macht es euch gemütlich, mit so viel Körperkontakt wie euch angenehm ist und der richtigen Menge an Kissen und Decken. Dann kommt zuerst dein Hund dran:

Streichle ihn sanft an den Stellen, die er am liebsten mag – so lange, bis er sich merklich entspannt und sein Atem ruhig und gleichmäßig fließt. Schließ die Augen, entspanne dich und lass mindestens eine Hand auf deinem Hund liegen. Spüre seine Atmung und konzentriere dich ganz darauf, euren Atem in Einklang zu bringen. Nach und nach werden die Gedanken aus deinem Kopf verschwinden und du wirst ganz im Hier und Jetzt sein. Wenn ein Gedanke nicht so recht verschwinden will, nimm ihn bewusst wahr und begleite ihn freundlich hinaus. Jetzt stehen dein Hund, du und eure gemeinsame Entspannung im Fokus.

Beginnt mit 2–3 Minuten. Wenn ihr die Meditation zu einem täglichen oder regelmäßigen Ritual ausbaut, könnt ihr die Zeit langsam steigern. Achte dabei immer auf euer Wohlbefinden – wenn deine Fellnase unruhig wird und aufstehen möchte, ist das okay. Am besten funktioniert die Meditation, wenn er ausgelastet und ruhiger ist. Richte dich nach seinem Biorhythmus und verzichte auf das Meditieren, wenn er gerade auf Action und Spiel aus ist.

Netter Nebeneffekt: Da es für die Meditation unerlässlich ist, dass ihr beide tiefenentspannt seid, lernst du dadurch, selbst bequem zu liegen. Kann ja hilfreich sein, falls du sonst auch eher der Brezeltyp bist, der sich wie ein Tetris-Stein ins Bett oder aufs Sofa bastelt, um den Hund nicht zu stören …

Nimm dir ein paar Minuten Zeit. Was hast Du von deinem Hund gelernt? Wofür bist du ihm dankbar?

....

....

....

63 Werdet Schmackofatz-Buddys!

Macht eine Verkostung verschiedener Lebensmittel. Du kannst das Ganze auch filmen, um dich später noch über die Reaktionen deines Hundes zu freuen. Auf dieser Liste findest du nur Dinge, die unbedenklich für deinen Liebling sind – falls du noch andere Lebensmittel ausprobieren möchtest, vergewissere dich vorher, dass diese für Hunde absolut ungefährlich sind.

Um die Verkostung etwas spannender zu gestalten, gilt die Regel: Was dein Hund probiert, musst du auch testen. Guten Appetit!

	Köstlich!	Naja, geht so.	Igitt!
Paranuss	☐	☐	☐
Zitrone *(kleines Stück ohne Schale und Kerne)*	☐	☐	☐
Kefir	☐	☐	☐
Ei (gekocht)	☐	☐	☐
Chicorée	☐	☐	☐
Lachs (ungewürzt)	☐	☐	☐
Brokkoli (gekocht)	☐	☐	☐
Banane	☐	☐	☐

Macht ein Wettessen! 64

Wenn ihr gerade schon im Essens-Modus seid, macht doch gleich ein Spiel daraus! Hier sind die Regeln:

- Jeder von euch bekommt einen Teller.
- Auf dem Teller befindet sich Essen.
- Je leckerer das Essen, desto höher die Motivation.
- Fangt gleichzeitig an zu essen.
- Keine Hände erlaubt! (Dein Hund verwendet seine schließlich auch nicht.)
- Wer schneller alles aufgegessen hat, gewinnt.

WARNUNG: Du hast vermutlich eher so mittelgute Chancen. Aber vielleicht klappt's ja, wenn ihr drei Runden spielt und nur die Bestzeit zählt?

Platz für die Auswertung findest du auf der nächsten Seite.

AUSWERTUNG

Runde	Hundezeit	Menschenzeit	Das lag auf dem Teller
1			
2			
3			

Siegerfoto!

Leg dazu einfach ein T-Shirt in deiner Lieblingsfarbe auf den Boden und färbe eine Pfote deines Hundes und einen deiner Füße mit ungiftiger Textilfarbe ein. Steigt dann nebeneinander auf das T-Shirt und verewigt so eure ungleichen Fußabdrücke auf einem Kleidungsstück.

Tobt euch hier ruhig aus: Du kannst statt deines Fußabdrucks auch den Abdruck deines Lieblings-Gassi-Schuhs verewigen, deinen Hund einmal quer über das Shirt laufen lassen, das Kleidungsstück vorne und hinten verschönern oder noch eure Namen dazuschreiben. Wenn du das T-Shirt ab sofort zu jedem Spaziergang anziehen möchtest, lohnt es sich vielleicht, direkt mehrere anzufertigen!

Unsere Modekollektion.

66 Malt gemeinsam ein Bild!

Und malt es direkt in dieses Buch! Alles ist erlaubt – ob du deinem Hund einen Pinsel mit Wasserfarben zutraust oder lieber seine Pfoten zum Pinsel umfunktionierst, bleibt dir überlassen. Achte nur darauf, dass niemand verletzt wird.

Titel unseres Meisterwerks: ....

Und das ist darauf zu sehen: ....

Gib deinem Hund eine Massage! 67

Wer freut sich nicht über eine wohltuende Massage? Auch dein Hund hat das verdient! Leg eine gemütliche Decke auf den Boden, auf der ihr es euch gemeinsam bequem macht. Streichle deinen Lieblings sanft am ganzen Körper und achte dabei darauf, wo es ihm besonders gut gefällt. Diese Stellen massierst du im Anschluss zuerst.

Für die Massage darf dein Hund stehen, sitzen oder auf der Seite liegen – wie es für ihn am angenehmsten ist. Für eine professionelle Massage gibt es Kurse oder Physiotherapeuten, aber auch so kannst du ihm etwas Gutes tun:

- Entspanne dich und konzentriere dich nur auf deinen Hund – Handy, Fernseher und Co. haben jetzt Pause.
- Mach mit leichtem Druck fließende, streichende Bewegungen mit dem Strich.
- Du kannst auch sanfte Kreise ziehen.
- Der Körperkontakt bleibt durchgehend aufrecht – falls du die Hand wechseln musst, legst du zunächst die zweite Hand auf, bevor du die erste wegnimmst.
- Übe niemals Druck auf Knochen, Gelenke oder Organe aus.
- Spare Kopf, Geschlechtsteile und Brustwarzen aus.

- Zum Schluss kannst du das Gesicht deines Hundes miteinbeziehen, indem du seinen Kopf in beide Hände nimmst und mit beiden Daumen von der Nase weg sanft die Wangen entlang streichst. Pass auf, dass du ihm dabei nicht versehentlich ins Auge piekst.

Notizen für unsere Massage-Sessions:

Diese Körperbereiche möchte mein Hund öfter massiert bekommen:

....

Hier bitte nicht anfassen:

....

„Glück kann man anfassen, man muss nur einen Hund streicheln!“

Autor unbekannt

Mach ein Nickerchen mit deinem Hund! 68

Und zwar im selben Bett! Hunde sind Rudeltiere – das Bett mit ihren Rudelmitgliedern zu teilen, ist für sie etwas ganz Natürliches. Für Menschen sieht das oft anders aus: Viele wollen Hundehaare und alles, was er sonst noch so mitbringt, nicht in ihrem Bett haben. Dabei bringt das gemeinsame Schlafen vor allem Vorteile mit sich:

- Der Blutdruck sinkt
- Mensch und Hund fühlen sich geborgen
- Die Bindung wird gestärkt
- Hund und Mensch wärmen sich gegenseitig
- Der Stresslevel sinkt

Vieles davon wurde bereits in Studien bewiesen. Auch die Erziehung leidet nicht darunter, wenn der Hund mit ins Bett darf. Er erobert deswegen nicht die Weltherrschaft, er genießt es einfach nur. Aber: Wenn du deinen Vierbeiner nicht dauerhaft in deinem Bett haben willst, solltest du es ihm besser auch nicht ausnahmsweise erlauben. Es ihm wieder abzugewöhnen, ist so gut wie unmöglich.

Also: Sucht euch ein gemeinsames Plätzchen und genießt ein wohltuendes Nickerchen. Die Extra-Portion Kuscheleinheiten und Bindung gibts gratis dazu.

69 Veranstaltet einen eleganten Dinner-Abend!

Zieht euch schick an, kocht euch etwas Leckeres und zelebriert einen gemeinsamen Abend. Vielleicht darf dein Hund ausnahmsweise am Esstisch Platz nehmen oder du setzt dich zum Essen zu ihm auf den Boden. Omas teures Porzellan lässt du trotzdem besser im Schrank, denn für die Tischmanieren deines Hundes gibt es keine Garantie.

Setzt euch also gemütlich hin, esst gemeinsam etwas und erzählt euch von eurem Tag. Okay, vielleicht musst du den Großteil der Gesprächsführung übernehmen, aber das ist ja meistens so, oder? Macht ein Foto von eurem edlen Dinner.

Dinner for Two

Unser Menü:

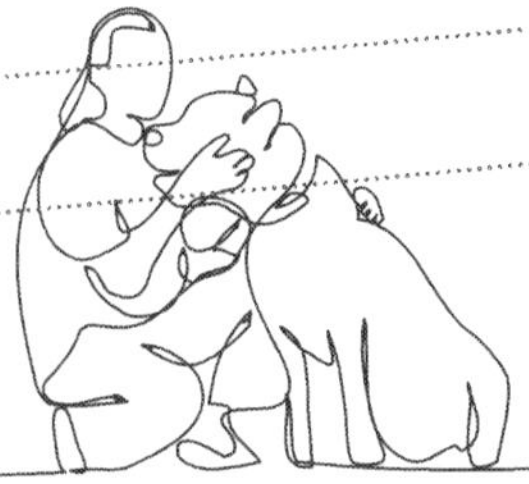

Wie sieht´s denn hier schon wieder aus?! Falls du dich jetzt schockiert umguckst, keine Sorge: Das war nur geraten. Hin und wieder kann ein bisschen Aufräumen nicht schaden, damit ihr genug Platz für eure Indoor-Abenteuer habt. Und warum sollst du die ganze Arbeit eigentlich alleine machen? Dein Hund wohnt ja auch da, er kann dir also ruhig ein bisschen helfen. Das kostet dich keine Überredungskunst, sondern nur ein bisschen Training:

1. Falls dein Hund bereits apportieren kann, lies direkt bei Punkt 2 weiter. Andernfalls bringst du ihm das bei, indem du ihm einen Gegenstand, den er interessant findet, anbietest. Sobald dein Hund den Gegenstand nimmt, bekommt er Lob und ein Kommando, zum Beispiel „Nimms". Fürs Zurückgeben bietest du ihm ein Leckerli in der flachen Hand an. Baue das Training langsam aus, indem du den Gegenstand wirfst oder die Aufmerksamkeit deines Hundes aus der Ferne auf den Gegenstand lenkst und er das Leckerli nur bekommt, wenn er dir den Gegenstand in die Hand drückt.

2. Stell eine Kiste oder einen Wäschekorb auf. Lass deinen Hund einen Gegenstand apportieren und halte die Hand über der Kiste auf, damit er dir den Gegenstand in die Hand geben kann. Sobald er den Gegenstand fallen lässt, ziehst du die Hand weg und lässt den Gegenstand in die Kiste fallen. Im selben Moment gibts ein Kommando wie „Wegräumen" und einen dicken Keks.

3. Übt die einzelnen Schritte mehrere Tage in Folge für maximal zehn Minuten täglich und geht im Zweifel nochmal einen Schritt zurück.

Sobald das Fallenlassen in die Kiste gut klappt, kannst du versuchen, deinen Hund alle möglichen Gegenstände wegzuräumen. Wie wäre es zum Beispiel, wenn er dir bei der Wäsche hilft? Oder du besorgst deinem Hund seine eigene Spielzeugkiste, in die er seinen Krempel dann selbst wegräumt, während du die Füße hochlegst.

71 Spielt Fang die Maus!

Und zwar in der Hunde-Edition. Das geht ganz leicht:

- Schnapp dir einen Karton und mach ein paar Löcher in die Unterseite.
- Setz dich auf den Boden und leg dir den Karton mit den Löchern nach oben auf den Schoß.
- Ein paar Leckerli-Stangen hast du in Reichweite.

Jetzt kannst du eine Leckerli-Stange von unten durch eines der Löcher stecken. Bevor dein Hund sie von oben erwischt, ziehst du sie nach unten weg. Ein paar Sekunden später steckst du sie wieder durch ein anderes Loch und so weiter. Wer von euch hat die schnelleren Reflexe?

Um das Ganze etwas spannender zu gestalten, kannst du eine Leckerli-Stange in die eine Hand nehmen und etwas, das dein Hund nicht so gerne isst, in die andere – zum Beispiel eine Karotte oder einfach den Stiel eines Kochlöffels. Stecke beides in unregelmäßigem Rhythmus abwechselnd durch die Löcher. Wird dein Hund automatisch nach allem schnappen, was aus dem Loch guckt? Oder merkt er sofort, was lecker ist und was nicht? Für einen zusätzlichen Schwierigkeitsgrad kannst du mehrere Leckerlies oder Nieten gleichzeitig durch verschiedene Löcher stecken.

ACHTUNG: Falls du in diesem Spiel deutlich schneller bist als dein Hund, lass ihn hin und wieder gewinnen. Er ist schließlich nur ein unschuldiger, süßer Hund …

72 Bewältigt einen Hindernisparcours!

Verwandle deine Wohnung in einen Abenteuer-Spielplatz! Alles ist erlaubt. Du kannst zum Beispiel:

- Möbel so anordnen, dass ihr im Zickzack drumherum laufen müsst.
- Eine lange Reihe von Stühlen aufstellen, unter denen ihr durchkriechen könnt.
- Die Türrahmen mit Klebeband in ein Kriech- oder Sprung-Hindernis verwandeln. (nachher abbauen nicht vergessen!)
- Einen riesigen Berg Kissen auftürmen, über den ihr klettern müsst.
- Einen Abschnitt mit zerknülltem Zeitungspapier in einen Raschelgang verwandeln.

Lass deiner Fantasie freien Lauf – achte aber darauf, dass keine Verletzungsgefahr für euch beide besteht.

Leg den Start und das Ziel fest und los geht's: Wer von euch wird schneller alle Hindernisse überwinden und ist für diesen Tag der ultimative Wohnungs-Champion? Derjenige hat für den restlichen Tag das Sagen und bekommt einen riesengroßen Keks. So will es das Gesetz!

Gewinner

.... hat den Parcours mit einer Zeit von ....

Name | Zeit

absolviert und ist der Champion!

Verlierer

.... hat für den Parcours .... gebraucht und

Name | Zeit

muss sich vor dem Sieger verneigen!

Siegertreppchen

73 Komm, lass uns rumblödeln!

Gemeinsam mit deinem Hund zur Ruhe zu kommen, ist eine tolle Sache. Es ist aber auch wichtig, gemeinsam richtig ausgelassen sein zu können. Anderen Menschen gegenüber zeigen wir uns meist eher reserviert und vernünftig. Deinem Hund darfst du dich aber auch von einer ganz anderen Seite zeigen. Er wird dich dafür sicher nicht weniger großartig finden – im Gegenteil: Hunde lieben das gemeinsame Spiel. Hast du schon einmal beobachtet, wie er mit anderen über eine Wiese tobt oder herumbalgt? Dabei ist der ganze Körper in Bewegung. Es wird gewedelt, gesprungen und gedreht.

Bei der Spielaufforderung liegen die Vorderbeine am Boden, das Hinterteil wird in die Höhe gestreckt und wackelt mitsamt der Rute fröhlich hin und her. Mach deinen Hund doch einmal dabei nach! Stell dich auf alle Viere, senke den Oberkörper, wackle mit dem Hinterteil, wuffe, hüpfe, schnuppere interessiert an etwas herum! Wenn du das machst, hast du sicher die volle Aufmerksamkeit deines Hundekumpels. Oder versuche mal, jedes Detail mitzumachen, das er macht, laufe zur Tür, springe zum Fenster, spitze die Ohren, halte den Kopf schief. So forderst du nicht nur deinen Hund auf, mehr auf deine Körpersprache zu achten, du nimmst auch seine besser wahr und verstehst ihn somit noch besser. Das stärkt die Bindung und macht obendrein wirklich viel Spaß! Vielleicht kannst du sogar eine Kamera aufstellen und euch beim Rumblödeln fotografieren oder filmen!

„Das größte Vergnügen eines Hundes ist, dass man sich mit ihm zum Narren machen kann und er dich dafür nicht ausschimpft, sondern sich stattdessen auch zum Narren macht."

Samuel Butler, Künstler und Gelehrter

Hundeglück zum Selbermachen

DIY-Abenteuer

Backe deinem Hund einen Kuchen!

Ob zum Geburtstag, am Dessert-Buffet oder einfach mal so: Jeder liebt Kuchen! Aber irgendwie bekommen Hunde viel zu selten Kuchen, findest du nicht auch? Das lässt sich ganz leicht ändern. Zeig deinem Buddy deine Liebe mit einer selbstgebackenen Torte!

Dafür kannst du eigentlich alles nehmen, was ihm schmeckt: Rinderhack, Käse, Zucchini … wie, das passt alles nicht in Kuchen? Na gut, für die süße Variante darfst du die Klassiker Ei, Mehl, Backpulver und Obst verwenden. Schokolade und Rosinen sind allerdings tabu, denn sie sind giftig für Hunde!

Wenn du auf Nummer Sicher gehen willst, kannst du dich an dieses Rezept halten:

- 110 g Dinkel- oder Vollkornmehl
- 1 TL Backpulver
- 70 Gramm ungesalzene Erdnussbutter
- 50 ml Olivenöl (oder ein anderes kaltgepresstes Pflanzenöl)
- 100 g Honig
- 100 g geraspelte Karotte
- 1 Ei

Mehl und Backpulver vermischen, die restlichen Zutaten hinzufügen und zu einem glatten Teig vermengen. In eine eingefettete Springform füllen und bei 180 Grad ca. 30 Minuten backen. Auskühlen lassen und nach Belieben verzieren – zum Beispiel mit Erdnussbutter, Bananen oder gehackten Walnüssen.

Koste ruhig auch ein Stück!

75 Backe deinem Hund Kekse!

Wenn du schon die Bäcker-Mütze aufhast, wieso nicht gleich noch ein Blech Kekse hinterherschieben? Selbstgebackene Kekse sind nicht nur ein toller Liebesbeweis, sie sind auch die perfekte Möglichkeit, deinen Hund guten Gewissens zu belohnen. Schließlich weißt du genau, was drin ist und kannst das selbst beeinflussen. Alle mit einem Allergiker-Hund wissen, wie wichtig das sein kann.

Wie beim Kuchen kannst du hier alles verwenden, was deinem Hund schmeckt und guttut. Von herzhaft bis lieblich ist alles erlaubt. Wie wäre es mal mit einer Kombination aus beidem? Zum Beispiel mit diesem Rezept:

- 1 (überreife) Banane
- 50 g (hundegeeignete) Leberwurst
- ca. 200 g (beliebiges) Mehl
- 1 mittelgroßes Ei
- 1 TL Pflanzenöl

Die Zubereitung funktioniert in vier einfachen Schritten:

1. Banane, Leberwurst, Ei und Öl miteinander vermischen.
2. So viel Mehl einkneten, dass ein geschmeidiger, weicher Teig entsteht.
3. Teig dünn ausrollen und ausstechen bzw. zu Hundekeksen formen.
4. Bei 180 Grad für ca. 20 Minuten backen.

Je länger du die Kekse im Ofen nachtrocknen lässt, desto härter und haltbarer werden sie. Lass sie vor dem Einlagern gut abkühlen und bewahre sie trocken und kühl auf, zum Beispiel in einer Keksdose. Du kannst sie auch portionsweise einfrieren.

76 Mach deinem Hund ein Spielzeug!

Und zwar einen Socktopus. Eigentlich selbsterklärend, oder? Du brauchst einige gleich große Socken. Die dürfen alt und löchrig sein oder ihren Partner in der Waschmaschine verloren haben. Wenn du deinen Hund besonders liebst, wäschst du die Socken vorher nochmal.

Roll eine Socke zu einem festen Ball zusammen und steck sie in eine andere Socke. Wenn dein Hund sehr groß ist, kannst du noch eine oder zwei Socken dazustecken, damit der Kopf des Socktopus zu deinem Hund passt. Jetzt ziehst du nacheinander drei weitere Socken über das Knäuel und bindest es unten mit einem Stoffstreifen (zum Beispiel von einer weiteren alten Socke, davon hast du ja bestimmt genug) zusammen, sodass die Enden der Socken frei vom Kopf baumeln. Diese Enden schneidest du jetzt der Länge nach in gleichmäßige Streifen.

Jetzt hat euer Socktopus einen großen, weichen Kopf und ganz viele Krakenarme. Um das Spielzeug noch robuster zu machen, kannst du jeweils drei der losen Streifen zu einem dicken Krakenarm flechten und unten ordentlich verknoten.

Unser neuer Socktopus:

Neuer bester Freund.

77 Kühlt euch mit einem Eis ab!

Hundeeis ist eine tolle Sache, schließlich freuen wir uns alle über eine gesunde Erfrischung an heißen Tagen. Blöd nur, wenn dein Hund sein Eis nicht mit dir teilen will. Noch blöder ist, wenn er es mit dir teilen würde, aber du nicht so sehr auf Leberpastete und Lachscreme in deinem Eis stehst.

Damit ihr euch gemeinsam an einer kalten Erfrischung erfreuen könnt, machst du die Eiscreme am besten selbst – und zwar mit Zutaten, die für dich genauso lecker sind wie für deinen Hund. Folgendes eignet sich dafür gut:

- Äpfel (ohne Kerne)
- Bananen (ohne Schale)
- Blaubeeren, Himbeeren und Erdbeeren
- Quark oder Naturjoghurt, wenn dein Hund Laktose verträgt (und wenn du Laktose verträgst) – frage im Zweifel deinen Tierarzt (oder deinen Menschenarzt)
- Ungesalzene Erdnussbutter
- Haferflocken, wenn ihr es crunchy mögt

Das Obst solltest du möglichst fein pürieren, bevor du es mit den anderen Zutaten vermischst. Die Mischung packst du dann in eine beliebige Form, die in dein Tiefkühlfach passt und das Einfrieren überlebt, beispielsweise einen leeren Joghurtbecher.

Wenn du Eis am Stiel daraus machen willst, nimmst du für dein eigenes Eis am besten den klassischen Holzstiel. Für deinen Hund lässt du den Stiel entweder ganz weg oder du nimmst dafür eine Leckerli-Stange, die er mitessen kann. Wenn du nicht so sehr auf Hundeleckerlies im Eis stehst, passt du nachher bestenfalls auf, dass du eure beiden Eis am Stiel nicht verwechselst.

Dieses Rezept hat uns besonders gut geschmeckt:

78 Lass deinen Hund angeln!

Selbstgefangenes schmeckt am besten! Allerdings ergibt es nur wenig Sinn, deinen Hund einer rollenden Futterdose hinterherjagen zu lassen. Aber du kannst ihn sein Futter selbst angeln lassen.

Du brauchst nur einen großen Wasserbehälter. Er sollte so tief sein, dass dein Hund locker mit der Nase zum Boden kommt, wenn er ein bisschen taucht. Füll den Behälter mit lauwarmem Wasser. Jetzt wirfst du ein paar Leckereien ins Wasser. Am besten beginnst du mit etwas, das an der Oberfläche schwimmt, sodass er es einfach abfischen kann. Dann kannst du nach und nach auch Futter ins Wasser werfen, das auf den Boden sinkt, damit dein Vierbeiner danach tauchen muss.

Da dein Hund dabei sehr viel Wasser aufnimmt, lass ihn am besten nicht länger als maximal zehn Minuten nach seinem Essen tauchen und sorge dafür, dass er danach bald sein Geschäft erledigen kann!

Profi-Tipp: Nimm dafür einen transparenten Behälter, zum Beispiel eine große Glasschüssel. Dann kannst du ihm von außen beim Tauchen zusehen und supersüße Unterwasserfotos von ihm machen!

Mach einen Nasenabdruck deines Hundes! 79

So wirds gemacht: Schmier die Nase deines Hundes mit irgendwas ein – es sollte aber unbedenklich sein. Wie wäre es mit dem Nasenbalsam aus Kapitel 7 (Seite 161)? Alternativ eignet sich auch Leberwurst, da wirds auch direkt um den Spannungsfaktor erweitert, ob deine Fellnase die Leberwurst zuerst ableckt oder ins Buch schmiert. Bring ihn dann dazu, seine Nase in das Buch zu drücken. Wie du ihm das beibringst, erfährst du in Kapitel 3, auf Seite 65.

Schon gewusst? Der Nasenabdruck eines Hundes ist so einzigartig wie der Fingerabdruck eines Menschen.

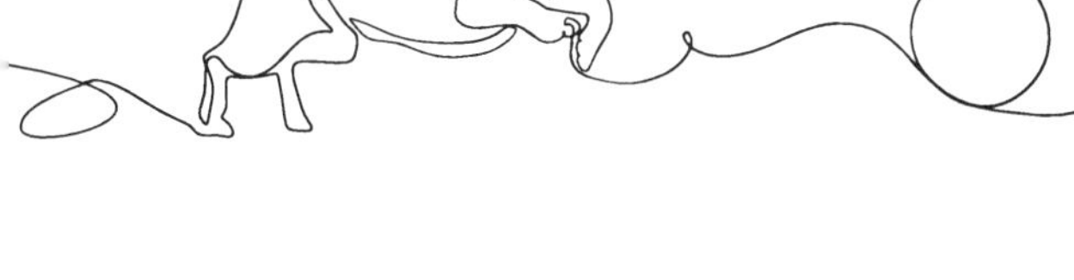

80 Mach einen Pfotenabdruck deines Hundes!

Den Pfotenabdruck kannst du genauso machen wie den Nasenabdruck, aber vielleicht nimmst du dafür lieber Lebensmittelfarbe als Leberwurst. Wie du magst. Bring deinen Hund dann dazu, seine Pfote in das Buch zu drücken. Dafür kannst du entweder unsere High-five-Anleitung in Kapitel 3 (Seite 66) befolgen oder du legst das Buch einfach auf den Boden und lässt deinen Hund draufsteigen.

Übrigens: Falls du einen haltbaren Nasen- oder Pfotenabdruck von ihm außerhalb dieses Buchs haben möchtest, gibt es dafür spezielle Silikon-, Gips- oder Tinten-Sets. Für den Pfotenabdruck kannst du auch mit Salzteig arbeiten – das Hundenäschen ist dafür etwas zu sensibel.

- Zwei Tassen Mehl, eine Tasse Wasser, eine Tasse Salz und einen Teelöffel Öl zu einem gleichmäßigen Teig vermengen und ausrollen.
- Pfote in den Teig drücken.
- Pfote gut saubermachen, Teig samt Pfotenabdruck 24 Stunden lang ruhen lassen.
- Teig für ca. 90 Minuten bei 50 Grad Ober- und Unterhitze ausbacken. Für längere Haltbarkeit mit Lack besprühen.

81 Bastel deinem Hund eine Schnüffelkiste!

Die Nase bietet deinem Hund Orientierung, deswegen sollte sie regelmäßig trainiert werden! Ein ausgelassenes Schnüffelspiel lastet ihn außerdem ordentlich aus. Eine Schnüffelkiste kann euch dabei wertvolle Dienste leisten, und du hast sie ruckzuck selbstgemacht.

Du brauchst dafür nur einen Karton. Der sollte groß genug sein, dass dein Vierbeiner bequem mit dem Kopf darin herumwühlen kann, aber nicht so groß, dass er darin verloren geht. Fülle den Karton mit Stoffresten, zerknülltem Zeitungspapier, Laub, Eierschachteln, Korken, verwaisten Socken, Tannenzapfen, Klopapierrollen, geschlossenen Walnüssen – allem, was du so rumliegen hast. Dein Hund sollte sorgenfrei darin herumwühlen können, ohne sich an irgendetwas zu verletzen oder zu verschlucken.

Dann versteckst du etwas darin. Das kann ein Leckerli sein oder ein Gegenstand, den dein Hund unbedingt haben will. Anfangs darf er beim Verstecken zusehen. Später kannst du die Schwierigkeitsstufe erhöhen, indem du den Gegenstand heimlich versteckst oder immer kleinere Dinge vergräbst.

Jetzt darf die tierische Spürnase nach Lust und Laune wühlen und schnüffeln, bis er den Gegenstand gefunden hat.

Schon gewusst? Eine Hundenase hat bis zu 300 Millionen Riechzellen (60-mal mehr als eine Menschennase) und kann ca. 3 Meter ins Erdreich hineinriechen!

Macht einen Fotokalender! 82

Du kannst uns nix vormachen: Du hast hunderte Fotos von deinem Hund. Und das ist auch gut so! Es gibt kein schöneres Fotomotiv als den geliebten eigenen Vierbeiner. In Wahrheit sind Hunde auch nur kleine Shootingstars, sonst würden sie nicht bei jeder Gelegenheit lustige Grimassen ziehen, absurde Schlafpositionen einnehmen und eigentlich rund um die Uhr zauberhaft süß dreinschauen. Damit diese vielen tollen Fotos nicht in deinem Smartphone vor sich hin gammeln, machst du jetzt mal etwas Anständiges damit:

- Mach jeden Tag (mindestens) ein Foto von deinem Hund.
- Druck das Foto aus und klebe es in einen Kalender.
- Bald hast du ein ganzes Jahr voller entzückender Hundefotos.

Es bleibt dir überlassen, ob du einen Wandkalender daraus machst, den du dir aufhängen kannst, oder einen Buchkalender zum Durchblättern. Diese Idee eignet sich wunderbar für ein ganzes Hundeleben – so habt ihr ein festes Ritual und die vielen Fotos, die du ohnehin von deinem Liebling machst, bekommen einen Platz, der ihnen gebührt. Du kannst auch Themen-Kalender machen, indem du die Motive jährlich oder monatlich abwechselst. So kannst du zum Beispiel versuchen, einen Monat oder ein Jahr lang jeden Tag ein möglichst identisches Foto zu machen und darüber staunen, wie sehr sich dein Hund verändert.

83 Schreibt Tagebuch über eure gemeinsame Zeit!

Diese Challenge erfordert viel Zeit. Teilst du sie aber auf mehrere kleine Einheiten auf, so sind es nur wenige Minuten. Mit der Zeit hast du sicher ein beachtliches Werk in deinen Händen! Sammle wertvolle Momente für euer gemeinsames Hunde-Tagebuch. Mach dir Notizen von den wichtigsten Erlebnissen, aber auch von den schönsten, lustigsten oder schwierigsten. Schreibe auf, was dich mit deinem Hund verbindet und was ihn für dich so besonders macht.

Der Anfang fällt dir schwer? Dann beginne mit einem Steckbrief. Notiere Name, Rasse, Größe und Gewicht sowie Geburtstag, arbeite dich dann zu den besonderen Eigenschaften deines Hundes vor. Stell dir vor, es wäre ein Lebenslauf für eine Bewerbung: Was kann dein Buddy schon alles, worin ist er besonders gut? Stell gerne ebenso seine kleinen Schwächen als Stärken dar. Denn natürlich kläfft dein Liebling nicht. Er ist nur wachsam!

Damit hast du eine wunderbare Erinnerung an die bereits gemeinsam erlebte Zeit – und das Führen des Tagebuchs macht dich hellhörig für die wunderbaren Momente, die noch kommen.

„Der eigene Hund macht keinen Lärm,
er bellt nur."

Kurt Tucholsky, Schriftsteller

Sammelt eure nächste Mahlzeit! 84

Begebt euch auf die Spuren eurer Vorfahren und sammelt euer nächstes Essen selbst. Ab nach draußen mit euch und sammelt alles ein, was für dich und deinen Hund genießbar und ungefährlich ist! Omas großes Pflanzenbuch oder dein Smartphone helfen dir dabei, nicht unabsichtlich etwas Schädliches zu pflücken. Das könntet ihr zum Beispiel in eure nächste Mahlzeit verwandeln:

- Pilze (alle, die für dich gesund sind, sind es auch für den Hund – aber nur gekocht!)
- Beeren
- Haselnüsse
- Wildkräuter (z. B. Brennnessel, Giersch, Bärlauch, Gänseblümchen)

Auch wild wachsendes Obst wie Äpfel oder Birnen dürfen im Napf landen – vergewissert euch aber, dass ihr nicht unabsichtlich vom Nachbarn klaut. Eure Ausbeute könnt ihr dann in eine leckere Mahlzeit verwandeln. Seid fair und teilt alles!

ACHTUNG: Du liebst sicher nicht nur deinen Hund, sondern alle Tiere. Sammle also nur so viel ein, wie ihr wirklich verbraucht und überlass den Rest den Bienen, Hummeln und Vögeln.

85 Spielt Flaschendrehen!

Echt jetzt? Ihr braucht keine Ausrede zum Schmusen? Na gut, dann spielt ihr eben die Hunde-Version von Flaschendrehen. Ihr braucht dazu eine Schnur, eine leere Plastikflasche und etwas Leckeres, das in die Flasche passt und das dein Hund unbedingt haben will.

- Mach links und rechts jeweils ein kleines Loch in die Flasche.
- Fädle die Schnur durch die Löcher.
- Entferne den Flaschenverschluss.
- Wirf das Objekt der Begierde in die Flasche.
- Hänge die Flasche an der Schnur auf Kopfhöhe deines Hundes auf.

Zum Aufhängen kannst du entweder die beiden Schnurenden an gegenüberliegenden Punkten befestigen oder ein bzw. beide Schnurenden selbst festhalten. Jetzt ist er gefragt: Schafft er es, die Flasche auf den Kopf zu drehen, damit das Leckerli unten herausfällt?

Falls dein Hund ein Genie ist und das Rätsel in Sekundenschnelle knackt, kannst du das Flaschendrehen aufs nächste Level heben: Statt eines Leckerlis, das unten herausfällt, schmierst du Leberwurst oder Hüttenkäse in den Flaschenhals. Das Ausschlecken wird zum Abenteuer, wenn die Flasche sich bewegt!

Tipp: Macht das auf einem waschbaren Untergrund oder draußen – es wird viel gekleckert!

86 Schreibt euch gegenseitig ein Gedicht!

Du liebst deinen Hund, das ist ja fein, schreib darüber ein Gedicht hier rein. Besser als das wird es bestimmt! Schreib deinem Hund ein Gedicht darüber, wie gern du ihn hast. Dann sieh ihm tief in die Augen und schreib auf, was er dir in Gedichtform zu sagen hat.

Für meinen Hund:

Für meinen Menschen:

„Ein Hund hat die Seele eines Philosophen."

Platon

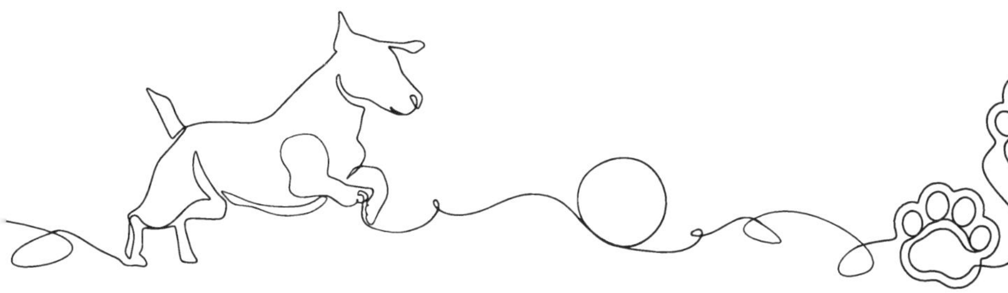

87 Flechtet euch Zöpfe!

Wie, euch stehen Zöpfchen nicht? Okay, zugegeben: Nicht jeder hat das Gesicht für eine Pippi-Langstrumpf-Frisur. Ihr müsst sie aber auch nicht tragen. Stattdessen flechtest du den Zopf direkt hier ins Buch. Dazu schneidest du dir und deinem Hund jeweils eine Haarsträhne ab. Die muss nicht lang sein! Klebe eure Strähnen mit Klebeband direkt hier ins Buch und versuche, ein kleines Zöpfchen daraus zu flechten. Falls es dir nicht gelingt, kannst du auch einfach so viel Klebeband draufpacken, dass die Haare ungeflochten hier kleben.

Das ist unser gemeinsamer Zopf:

Dein Hund pflanzt sein eigenes Essen an!

88

Hast du schonmal erlebt, wie befriedigend es ist, dein eigenes Essen anzupflanzen? Dann gönnst du diese Freude bestimmt auch deinem flauschigen besten Freund. Such dir sein Lieblingsobst oder -gemüse aus und lass ihn sein eigenes Pflänzchen ansetzen. Du darfst ihm natürlich beim Anpflanzen helfen.

Sobald eure Arbeit Früchte trägt, darf dein Hund sie selbst nach Lust und Laune pflücken. Draußen habt ihr die freie Auswahl: Wie wäre es mit einem eigenen Apfelbaum, Himbeerstrauch oder Gurkenbeet für ihn? Beeren gedeihen mit viel Pflege auch auf dem Balkon oder Fensterbrett.

Achte darauf, nur wirklich gesunde Obst- und Gemüsesorten in Reichweite deines Vierbeiners anzupflanzen. Weniger bekömmliche Sorten wie Steinobst oder Tomaten pflanzt du besser so, dass er sich nicht selbst daran bedienen kann.

89 Macht ein Selfie!

Und zwar nicht irgendein Selfie. Mach das lustigste Mensch-Hund-Selfie, das die Welt je gesehen hat! Ein lustiger Winkel, ein alberner Gesichtsausdruck, eine undenkbare Körperhaltung – alles ist erlaubt. Vielleicht könnt ihr beide ja sogar dieselbe Grimasse schneiden? Ihr habt so viele Versuche, wie ihr wollt! Das lustigste Foto kommt hierhin:

Cheese!

Schon gewusst? Hunde haben einen ausgeprägten Tapetum lucidum. Der sogenannte „leuchtende Teppich" sorgt dafür, dass Hunde im Dunkeln besser sehen – und dafür, dass ihre Augen auf Fotos oft bunt schimmern.

Von wegen,
Liebe kann man nicht kaufen

Gekaufte Abenteuer

90 Geht gemeinsam shoppen!

In den Lebensmittelhandel darf der Hund nicht mit. Ihn davor anzuhängen, ist jetzt auch nicht das, was ich dir raten will, aber in manchen Geschäften sind Hunde erlaubt – zum Beispiel im Möbelgeschäft oder im Baumarkt. Pass aber auf, dass deinem Schatz im Geschäft kein Missgeschick passiert. Mein Junghund hatte ausgerechnet in der Baustoffabteilung Übelkeit. Zum Glück hatte ich ausreichend Taschentücher, Tüten und auch etwas Wasser mit dabei, um das Malheur rasch zu beseitigen. Gemeinsame Indoor-Spaziergänge sind für deinen Vierbeiner im Normalfall jedoch superspannend und meistens reagieren auch die Verkäufer sehr positiv auf Hunde. Am besten gefällt deinem Liebling sicher ein Besuch im Zoofachgeschäft bzw. in einem Laden, wo es Hundefutter und Hundespielzeug gibt. Probiert es aus!

„Wenn der Hund dabei ist,
werden die Menschen gleich menschlicher."

Hubert Ries, Sprüche- und Rätselschreiber

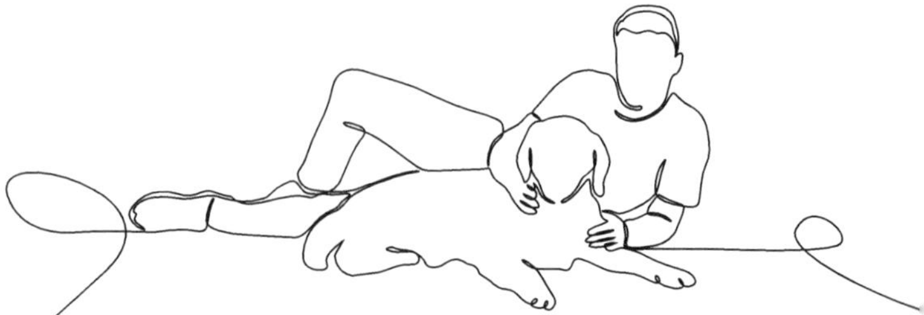

Knüpfe deinem Hund Leine und/oder Halsband!

Noch nicht genug vom Selbermachen? Dann kauf euch ein Set zum Selberknüpfen von Leine und / oder Halsband! Mit ein paar Metallteilen, Paracord und etwas handwerklichem Geschick zauberst du deinem Hund ein Outfit, in dem mehr Liebe als Geld steckt. Falls dir die im Set enthaltene Anleitung nicht gefällt, findest du im Internet unzählige Alternativen. Achte aber darauf, dass du wirklich alle Schritte sorgfältig ausführst, damit seine Sicherheit nicht auf dem Spiel steht.

Apropos Sicherheit: Einfach eine selbst zusammengeknotete Schnur als Leine zu verwenden, ist keine gute Idee. Anständige Hundeleinen sind auf Zug- und Reißfestigkeit getestet und haben robuste Karabiner, die auch den heftigsten Ruckern standhalten. Deshalb solltest du beim Leinenkauf auch immer auf das Maximalgewicht achten.

92 Kauf deinem Hund ein neues Spielzeug!

… und gib ihm einen Namen. Also dem Spielzeug – dein Hund hat ja wahrscheinlich schon einen Namen.

Boss-Move: Nimm deinen Hund mit in den Laden und lass ihn sein neues Lieblingsspielzeug selbst aussuchen!

Ich wähle…

.... & .... an ihrem ersten gemeinsamen Tag.

Hundename   Spielzeugname

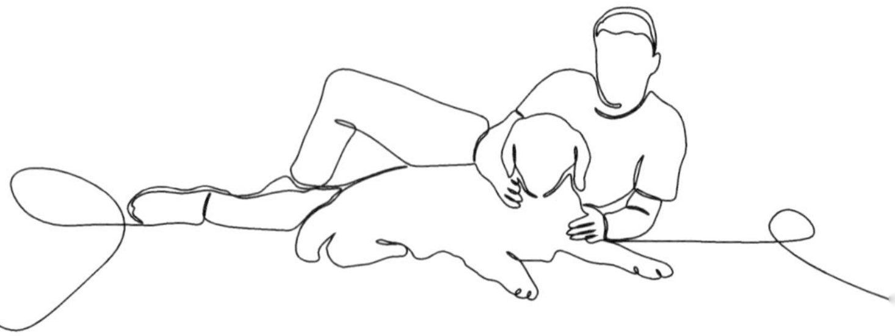

Besucht ein Hunderestaurant! 93

Heute darf dein Hund mal entscheiden, was es zu essen gibt. In einigen Restaurants dürfen sie mit am Tisch sitzen, bekommen ihre eigene Speisekarte und ein leckeres Essen serviert. Leider gibt es noch viel zu wenige von diesen Restaurants, deshalb tuts auch ein normales – es sollte aber zumindest hundefreundlich sein. Pack seinen Lieblingsnapf ein und los geht's! Such etwas aus der Speisekarte für deinen Hund aus und bitte die Angestellten, es hundegerecht – also ohne Gewürze oder schädliche Zutaten – zuzubereiten. Genießt dann eure gemeinsame Mahlzeit.

So lecker war unser Restaurantbesuch:

Yammii!

Sorgst du dich, dass du ein bisschen verrückt rüberkommst, wenn du das machst? Zurecht. Aber versuch´s trotzdem mal – du weißt, dein Hund würde es auch für dich tun! Okay, wenn du das gar nicht willst, darfst du das Essen für deinen Liebling auch selbst ins Restaurant mitbringen. Ausnahmsweise.

94 Kauf deinem Hund ein Geschenk!

Und lass es ihn selbst auspacken. Schließlich ist das Auspacken das Zweitbeste daran, ein Geschenk zu bekommen! (Manchmal stellt sich im Nachhinein sogar heraus, dass es das Beste daran war …)

Zum Einpacken nimmst du nur hundegeeignete Materialien, an denen sich dein Hund weder verletzen noch verschlucken kann. Butterbrotpapier oder unbehandeltes Papier und grobe Bänder aus Naturmaterial (zum Beispiel Hanfkordel) schlagen hier buntes Geschenkpapier und Klebeband.

Als Geschenk eignet sich so ziemlich alles, was deinem Hund eine Freude bereitet. Du solltest aber immer zumindest einen duftenden Keks mit einpacken, damit er die richtige Motivation in der Nase hat.

Je nachdem, wie geschickt dein Vierbeiner ist, kannst du ihn verschiedene Levels des Auspackens probieren lassen.

Hunde-Azubi: Schlag das Geschenk locker in Papier ein und falte, zwirble oder zerknülle die offenen Enden. Falls dein Hund nicht gleich versteht, was zu tun ist, öffne eine kleine Ecke selbst – der Keksduft wird den Rest machen.

Rudelführer: Steck das Geschenk samt Leckerli in eine Pappschachtel, die du anschließend mit Papier einwickelst. Dann muss dein Hund zweimal auspacken!

Hundeprofi: Wickle zusätzlich noch Schnur um die eingepackte Pappschachtel. Vielleicht kann die Fellnase eine einfache Schleife sogar sauber öffnen?

Mach hier den Vorher-Nachher-Vergleich eures Geschenk-Abenteuers:

Was da wohl drin ist?

Das hübsch eingepackte Geschenk

Wenn die Verpackung zum Geschenk wird.

Nach dem Auspacken

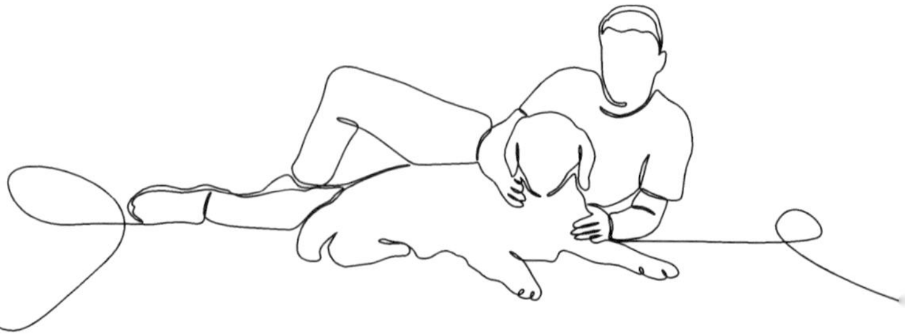

Es gibt unzählige Kurse, in denen du mit deinem Hund eine neue Aktivität lernen kannst. Das ist gleich auf mehreren Ebenen toll für euch beide:

- Ihr verbringt Quality Time miteinander.
- Das gemeinsame Lernen stärkt eure Bindung.
- Ihr findet (hoffentlich) eine Aktivität, die euch beiden Spaß macht.
- Dein Hund bekommt zusätzliche Auslastung.
- Ihr findet gemeinsam neue Freunde. Vielleicht.

Wenn du zum Beispiel vom Doga aus Kapitel 4 noch nicht genug hast, könnt ihr in einem Kurs neue Doga-Herausforderungen lernen und meistern. Wenn ihr es rasanter mögt, ist vielleicht Hundesport etwas für euch – beispielsweise Agility oder Flyball. Für weniger sportliche Hunde gibt es Kurse, die sich auf Nasen- und Kopfarbeit konzentrieren. Und wenn ihr ganz ambitioniert seid, interessieren euch vielleicht die Ausbildungen zum Begleit-, Therapie-, Rettungs- oder Suchhund.

„Sobald man in einer Sache Meister geworden ist, soll man in einer neuen Schüler werden.“

Gerhart Hauptmann, Schriftsteller

96 Kauf deinem Hund einen neuen Napf!

Und zwar einen richtig tollen. Dieser Napf ist so super, dass Omas wertvolles Porzellan im Vergleich dazu aussieht wie die Ausschussware eines schwedischen Möbelhauses. Tatsächlich kann sich die Art des Napfes auf das Fressverhalten eines Hundes auswirken: Manche Hunde mögen bestimmte Materialien oder Formen nicht. Nimm deine Fellnase also mit in den Laden und lass ihn seinen neuen Lieblingsnapf selbst aussuchen. Es darf auch ein Doppelset aus Wasser- und Futternapf sein, ein erhöhter Fressplatz für komfortables Essen oder ein spezieller Anti-Schling-Napf, damit er beim Essen länger was zu tun hat.

Das ist der neue Lieblingsnapf:

Schmeckt gleich viel besser!

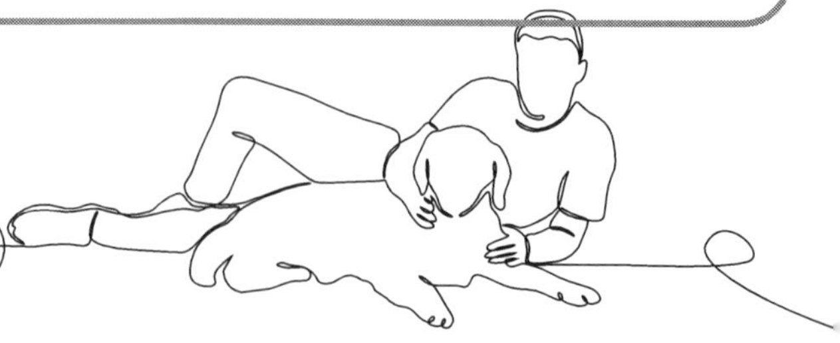

Tipp: Wenn du schon im Laden bist, nimm direkt noch eine von diesen Napf-Unterlagen mit. Die verhindert nicht nur, dass der Napf während des Fressens durch die ganze Wohnung wandert, du musst auch seltener den Boden wischen.

Zwängt euch zusammen in einen Fotoautomaten! 97

Fotoboxen gibt es oft auf Bahnhöfen oder an anderen belebten Orten. Für ein paar Münzen könnt ihr euch darin so richtig austoben. Geht gemeinsam in die Kabine und macht so viele lustige Fotos, wie ihr könnt.

- Schneidet Grimassen
- Gebt euch gegenseitig Küsschen
- Versteck deinen Hund so hinter dir, dass es aussieht, als wären seine Ohren deine
- Versteck dich so hinter deinem Hund, dass es aussieht, als wären deine Haare seine
- Macht alles, wonach euch der Kopf steht

Klebt das witzigste Foto genau hier hin:

98 Lasst professionelle Fotos von euch machen!

Na, seid ihr im Fotoautomaten auf den Geschmack gekommen? Ein professionelles Fotoshooting kostet zwar mehr als ein paar Münzen, dafür bekommt ihr großartige Bilder in hervorragender Qualität, die ihr euch anschließend auf alles drucken lassen könnt, was das Hundehalterherz begehrt: Poster, Tassen, T-Shirts, Bettwäsche, Tapeten. Na gut, übertreiben musst du es nicht – trotzdem ist so ein Hunde-Fotoshooting eine lustige Erfahrung für euch beide, aus der ewige Erinnerungsstücke entstehen.

Sucht euch dafür einen Fotografen, der sich auf Hunde oder Haustiere spezialisiert hat. Der Profi hat ein besonderes Auge für gute Posen, außergewöhnliche Motive und die richtige Perspektive. Ihr könnt zum Beispiel das Leckerli-Fangen, das ihr in Kapitel 3 gelernt habt, vor der Kamera üben. Ihr könnt schöne Fotos in einem Studio oder draußen machen, am bzw. im Wasser, in eurem Zuhause oder an eurem Lieblingsort. Kostet die gemeinsame Zeit vor der Kamera aus und habt Spaß!

ACHTUNG: Die Situation eines Fotoshootings ist für deinen Hund neu und ungewöhnlich. Sei ihm nicht böse, wenn etwas nicht so klappt, wie du es dir vorstellst. Die besten Fotos entstehen sowieso, wenn ihr ungezwungen den größten Spaß miteinander habt.

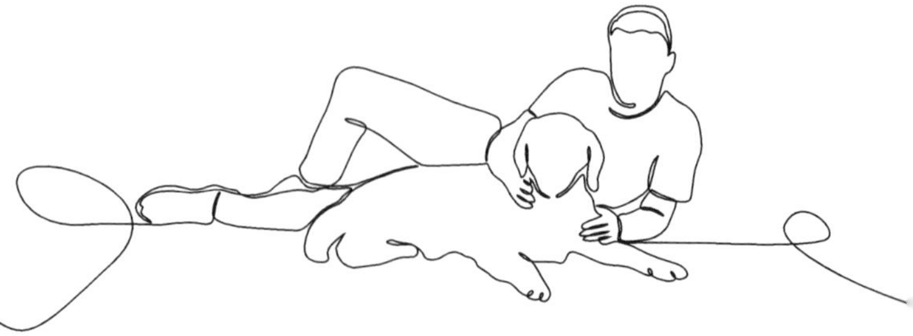

Zugegeben: Nicht alle Hunde brauchen Klamotten. Aber wenn deiner sehr wenig oder dünnes Fell hat, schnell friert oder nicht so gerne nass wird, kann er für regnerische oder kalte Tage durchaus eine Jacke brauchen. Falls er ein richtiger Outdoor-Freak ist und am liebsten nackig bleibt, kannst du ihm ein lockeres Halstuch mit Reflektoren umhängen. Das sorgt für mehr Sichtbarkeit und einen coolen Look.

Kauf deinem Hund und dir Jacken oder Halstücher im Partnerlook! Wer rockt den Style besser?

Best Buddies!

(Die letzte Frage war rhetorisch. Dein Hund wird immer besser aussehen als du. Er ist einfach niedlicher.)

100 Kauf deinem Hund ein Namensschild!

Nein, keinen Aufkleber, auf den du seinen Namen kritzelst. Du kannst Anhänger in allen Formen, Farben und Größen gravieren lassen. Der Anhänger kommt dann ans Halsband oder Brustgeschirr. Darauf steht der Name deines Hundes, eure Adresse und deine Telefonnummer. Falls dein Hund einmal falsch abbiegt oder unabsichtlich den falschen Menschen nach Hause folgt, findet ihr so ganz schnell wieder zueinander.

Lege den Anhänger unter diese Seite und male mit einem Bleistift oder Buntstift einen Abdruck davon:

Tipp: Nicht jeder weiß, wie der Chip deines Hundes funktioniert! Falls du noch Platz auf dem Anhänger hast, ist ein Hinweis darauf eine gute Idee – zum Beispiel: „Ich bin gechipt und bei Tasso registriert". Falls du den Chip deines Hundes noch nicht registriert hast, wird es allerhöchste Zeit!

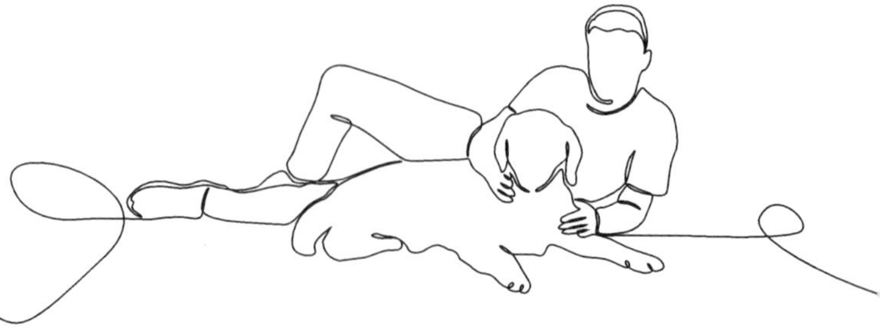

Verwandle Hundefell in ein Schmuckstück! 101

Das Fell deines Hundes ist einzigartig. Nur dein bester Freund hat exakt diese Fellbeschaffenheit in genau dieser Farbkombination mit diesem unvergleichlichen Duft. Sein unnachahmlicher Pelz ist eines der Dinge, die deinen Hund so besonders machen. Damit du keine Sekunde lang darauf verzichten musst, kannst du ein Stück davon jederzeit bei dir tragen. Aber eine Haarsträhne einfach abschneiden und in deine Brieftasche stopfen, ist nicht nur etwas merkwürdig, sondern auch unpraktisch.

Besser: Lass Schmuck daraus machen! Es gibt viele Anbieter, die aus dem Fell deines Hundes geflochtene, gefilzte oder in Harz gegossene Armbänder, Halsketten oder andere Schmuckstücke fertigen. So hast du wortwörtlich ein Stück von ihm immer bei dir.

Bonus: Falls es mal erschwinglich wird, kannst du ihn mit der DNA vielleicht klonen. Dafür gibts aber keine Garantie.

„Wer selbst bestimmt, wen er um sich haben möchte, dessen Umfeld ist weniger von den Wünschen anderer bestimmt."

Lebensweisheit. Autor unbekannt

102 Macht einen Social Walk!

Und findet vielleicht neue Freunde! Social Walks werden von Hundetrainern angeboten. Für einen kleinen Betrag geht ihr mit einer bunt gemischten Gruppe aus Hunden und Menschen spazieren und könnt dabei neue Kontakte knüpfen. Deiner lernt dabei, sich auch in der Nähe fremder Hunde und Menschen auf euren gemeinsamen Spaziergang zu konzentrieren, und du kannst dir ein paar wertvolle Trainings-Tipps holen.

Das Wunderbare daran ist, dass auch Vierbeiner teilnehmen können, die normalerweise nicht so viel Wert auf fremde Hundegesellschaft legen. Vielleicht finden sie dort sogar einen Kumpel – aber zumindest lernen sie, dass ihnen nichts Schlimmes passiert, wenn sie sich in der Nähe anderer Hunde bewegen.

Damit das Erlebnis für euch beide angenehm wird, beachte die folgenden Tipps:

- Such eine Gruppe aus, die zu euch passt. Wenn dein Hund zum Beispiel Angst vor großen Hunden hat, such dir einen Kleinhunde-Walk.
- Achte darauf, dass die Strecke für euch geeignet ist, was Dauer und Schwierigkeitsgrad betrifft.
- Falls ihr euch beim Social Walk nicht wohlfühlt, könnt ihr jederzeit aussteigen und alleine weiterspazieren. Der Spaß steht im Vordergrund!

Kauf deinem Hund Seifenblasen! 103

Klassische Seifenblasen sind nichts für Hunde, weil sie das Seifengemisch tendenziell verschlucken würden. Deshalb gibt es spezielle Hunde-Seifenblasen, die nicht nur absolut ungiftig sind, sondern obendrein noch nach Speck oder Erdnussbutter schmecken. Außerdem sind die Blasen etwas stabiler und zerplatzen nicht so schnell wie normale Seifenblasen.

Das Beste daran: Selbst Hunde, die nicht so gerne spielen, werden dem Duft nicht widerstehen können und ihre schwebenden Leckerlies durch die Gegend jagen. Leg also los und puste deinem Hund ein paar Köstlichkeiten in die Luft!

.... bei der Seifenblasen-Jagd:

Hundename

Schnapp!

104 Macht einen Wellnesstag!

Lasst euch einmal so richtig verwöhnen! Im Vordergrund steht, dass ihr euch beide wohlfühlt – der Hundefrisör wird daher eher nicht eure erste Anlaufstelle sein. Aber eventuell darf dein Hund dich ja zur Kosmetik begleiten? Auch Masseure gibt es für euch beide. Vielleicht reicht es aber auch schon, wenn ihr euch zuhause einen schönen Tag mit vielen Kuscheleinheiten und ausreichend Relax-Zeit macht. Was dabei auf gar keinen Fall fehlen darf: hervorragendes Essen für Mensch und Hund!

Tipp: Euren Wellnesstag zuhause könnt ihr mit Hundemassage, Meditation und Nickerchen aus Kapitel 4 kombinieren.

So haben wir unseren besonderen Wohlfühltag verbracht:

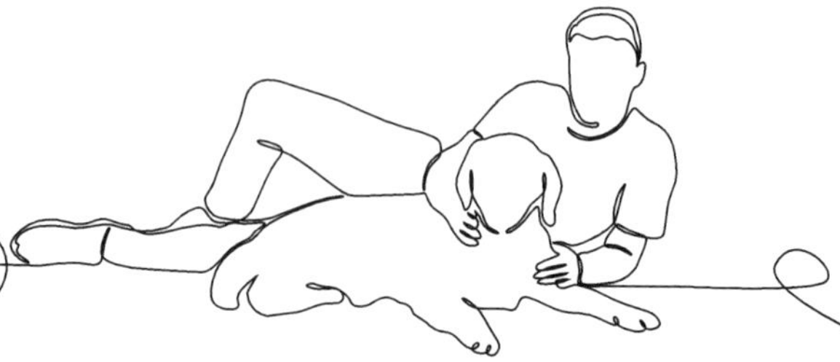

Kauf deinem Hund ein neues Bettchen! 105

Oder eine Decke oder ein Körbchen – was auch immer ihm am liebsten ist. Hauptsache, es ist wunderbar bequem. Dieses neue Bettchen wird der neue Lieblingsplatz deines Hundes! Wirklich! Denn genau das bringst du ihm bei …

Platziere das neue Bettchen an seinem Lieblingsort. Manche Hunde mögen es lieber sonnig und hell, andere haben lieber ein höhlenartiges Versteck. Wie immer bei Immobilien zählt die Lage! Sobald du den perfekten Ort gefunden hast, kann es losgehen:

- Locke ihn mit einem Keks in sein neues Bettchen.
- Sobald er im Bettchen ist, gibst du ihm das Leckerli und das Kommando „Lieblingsplatz".
- Nach einer Weile weitest du das Training aus und dein Hund bekommt den Keks erst, wenn er es sich im Bettchen gemütlich gemacht hat.
- Damit er auch wirklich auf seinem Lieblingsplatz bleibt, bekommt er den Keks im Laufe des Trainings immer später. Erst muss er einige Sekunden, später Minuten, dortbleiben.

Bald kann dein Hund auf Kommando seinen Lieblingsplatz aufsuchen!

.... auf seinem / ihrem Lieblingsplatz.

Hundename

Soo kuschlig.

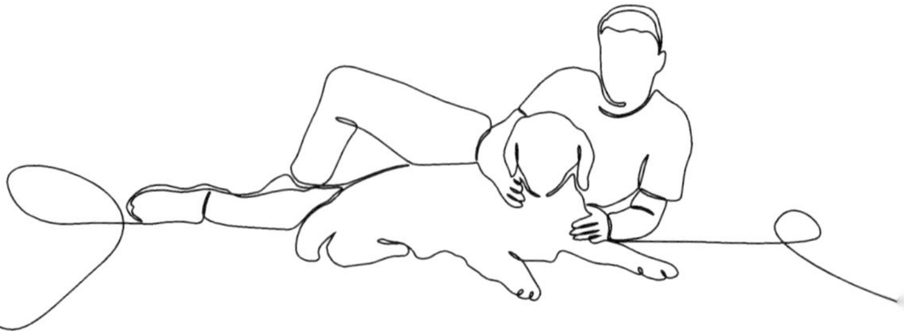

Zum Schluss noch ein ganzes Jahr

Jahreszeiten- & Feiertags-Abenteuer

106 Hundegeburtstag

Wenn es einen Grund zum Feiern gibt, dann ja wohl den Geburtstag des besten Freundes! Falls du den Geburtstag deines Hundes nicht kennst, kannst du spätestens jetzt ein Datum festlegen. Wie wäre es zum Beispiel mit dem Tag, an dem ihr euch gefunden habt? Du kannst auch einfach das heutige Datum wählen und direkt mit der Party loslegen.

.... hat Geburtstag am ....
Hundename Datum

Und wie feiert man so einen Hundegeburtstag richtig? Das liegt ganz bei euch, denn ehrlich gesagt ist für einen Hund jeder Tag eine riesige Party. Das ist einer der Gründe, warum sie so liebenswert sind. Je nachdem, was deinem Vierbeiner Freude bereitet, kannst du zum Beispiel:

- Einen extralangen Spaziergang machen.
- Dem Hundepark einen Besuch abstatten.
- All seine Hundekumpels zum Spielen einladen.
- Ein Bällebad für ihn aufstellen (und selbst mit hineinspringen).
- Ausnahmsweise eine extra Mahlzeit servieren.
- Mindestens doppelt so viel kuscheln wie sonst.

Übrigens: Kuchen und Geschenke dürfen natürlich auf keiner Party fehlen. In Kapitel 5 und 6 findest du geburtstagsmäßige Ideen!

Mein Geburtstags-Hund.

Dein Geburtstag

Happy Birthday! Natürlich soll auch dein Geburtstag gebührend gefeiert werden – und dein bester Freund darf auf deiner Party nicht fehlen. Aber eigentlich sind Menschenpartys meistens nicht besonders hundegerecht. Unfair! Knurr! Deshalb bestehst du dieses Jahr mal darauf, dass deine Geburtstagsfeier ein bisschen mehr auf deinen flauschigen Liebling abgestimmt ist.

- Während du die Kerzen auspustest, bekommt dein Hund einen Keks. Erst, wenn alle Kerzen ausgepustet und alle Kekskrümel verputzt sind und ihr euch beide etwas gewünscht habt, wird Kuchen serviert!

- Dein Hund bekommt mindestens ein Geschenk, andernfalls darf er alle deine Geschenke für dich auspacken! (Kläre vorher ab, ob etwas Zerbrechliches oder Gefährliches in dem Paket ist.)

- Auf jedes Foto, das vom Geburtstagskind geschossen wird, muss dieses Jahr der Hund mit drauf.

Paaartyyy!

Die Vöglein singen, die Sonne lässt sich öfter blicken und rundherum wird alles grün. Muss Frühling sein! Ihr könnt endlich wieder mehr Zeit draußen verbringen und euch auf gemeinsame Abenteuer freuen. Aber Frühling ist auch Fellwechsel-Zeit: Die zusätzliche Unterwolle, die deinen Hund im Winter vor Minustemperaturen geschützt hat, wird jetzt nach und nach abgestoßen. Um ihn dabei zu unterstützen und damit er bei euren Ausflügen auch ordentlich aussieht, lautet die Aufgabe:

Bürste deinen Hund!

Besorge dafür die richtige Bürste oder den richtigen Kamm für die Fellart deines Hundes. Dann setzt du dich mit ihm gemütlich auf den Boden, streichelst ihn und lässt ihn an der Bürste schnuppern. Sobald er sich entspannt, fängst du langsam an, ihn an der Stelle zu bürsten, an der er am liebsten gestreichelt wird. Ein paar Leckerlies können deine Mission unterstützen.

Macht am besten ein tägliches Ritual daraus, denn der Fellwechsel kann bis zu 8 Wochen dauern!

Schon gewusst? Frühling ist auch Brut- und Setzzeit. Aus Rücksicht auf die Wildtiere lässt du deinen Hund in dieser Zeit am besten nur in dafür gekennzeichneten Bereichen von der Leine.

Spiel den Osterhasen für deinen Hund! Wieso sollten nur Menschen Spaß an der Eiersuche haben? Bastel deinem tierischen Buddy ein Osternest.

- Nimm ein paar Blätter Kopfsalat und forme ein Nest daraus.
- Bestreiche das ganze Nest mit ungesalzener Erdnussbutter und / oder Leberwurst.
- Streue geraspelte Karotten und Leckerlies darüber.
- Ja, auch ein Osterei darf ins Nest. Gekocht und ungefärbt!

Wie für Ostern üblich muss dein Hund das versteckte Nest natürlich erstmal finden. Halte dich dafür an unsere Versteckspiel-Tipps aus Kapitel 4 (Seite 92)– je geübter er im Suchspiel ist, desto raffinierter darf das Versteck sein.

Wie lange hat dein Hund gebraucht, um sein Osternest zu finden?

- ☐ Das war für ihn ein Kinderspiel!
- ☐ Er hat ein Weilchen gebraucht, dafür war die Freude dann umso größer.
- ☐ Ich glaube, der sucht noch bis Weihnachten danach.

ACHTUNG: Versteck das Osternest deines Hundes nicht in der Nähe anderer Osterverstecke für Menschen. Die Gefahr, dass er vorher einige Schoko-Hasen und Nougat-Eier findet und frisst, ist viel zu groß.

Für Wasserratten ist der Sommer die perfekte Jahreszeit. Es gibt endlos viele Aktivitäten, die du mit deinem Hund rund ums kühle Nass unternehmen kannst. Außerdem könnt ihr euch mit dem Eis-Rezept aus Kapitel 5 (Seite 116) Abkühlung verschaffen. Aber auch ohne Wasser kannst du deinem Hund an einem richtig heißen Tag etwas Gutes tun.

Besucht gemeinsam eine Salzgrotte!

Bei kühlen 19 bis 21 Grad könnt ihr bei Meeresrauschen eure Seele baumeln lassen, euch entspannen und die wohltuende, salzige Luft einatmen. Gleichzeitig verschafft ihr euch eine abkühlende Pause vom Hochsommer. Da der Aufenthalt in einer Salzgrotte für Mensch und Hund gleichermaßen gesund ist, sind Vierbeiner in den meisten Einrichtungen willkommen – frag aber sicherheitshalber vorher nach, ob dein bester Freund auch wirklich mit reindarf.

In .... haben wir es uns am .... gut gehen lassen!

Name / Ort der Grotte — Datum

An Pfingsten gibts für die meisten Menschen im deutschsprachigen Raum ein verlängertes Wochenende. Ein Extra-Tag, den du mit deinem vierbeinigen Liebling verbringen kannst, und die perfekte Gelegenheit für ein lustiges Spiel.

Spielt das Hütchen-Spiel!

Je nachdem, wie das lange Pfingstwochenend-Wetter aussieht, könnt ihr das drinnen oder draußen spielen.

Damit dein Hund eine Chance hat, das richtige Hütchen zu erraten, bringst du ihm zuerst das Spielprinzip bei: Leg einen Keks unter einen Becher und lass ihn dabei zusehen. Dann darf er ans Werk. Sobald er den Becher mit der Nase oder Pfote anstupst, lobst du ihn und hebst den Becher an, damit er ans Leckerli kommt. Wiederholt das ein paar Mal. Je nachdem, wie talentiert deine Fellnase ist, könnt ihr das Spiel in drei verschiedenen Levels spielen:

Hunde-Azubi: Stell zwei identische Becher nebeneinander und platziere unter einem davon ein Leckerli. Dein Hund muss den richtigen Becher finden. Falls er den falschen Becher anstupst, zeigst du ihm, dass sich darunter nichts befindet und beweist ihm, dass der Keks unter dem anderen Becher war. Startet dann von vorn. Um es ihm leichter zu machen, kannst du statt Bechern kleine Blumentöpfe mit einem Loch am Boden nehmen – dann kann dein Hund den Keks besser riechen.

Rudelführer: Stell drei identische Becher nebeneinander und platziere unter einem davon ein Leckerli, ohne dass es dein Hund sieht. Deine Fellnase muss den richtigen Becher finden, nur dann bekommt er den Keks! Wenn du gnädig sein möchtest, bekommt er dafür zwei Versuche.

Hundeprofi: Stell drei identische Becher nebeneinander und lass ihn zusehen, wie du unter einem davon ein Leckerli platzierst. Dann schiebst du die Becher hin und her und tauschst ihre Plätze. Kann dein Hund den Keks trotzdem finden?

Wo ist das Leckerchen?

Der Herbst ist für viele Hunde und ihre Menschen die absolute Lieblingsjahreszeit. Ihr könnt noch viele sommerliche Aktivitäten machen, müsst euch aber nicht mehr vor der Hitze verstecken. Aber der Winter steht schon in den Startlöchern und wechselndes, nasses Wetter stellt die Hunde- und Menschenpfoten vor Herausforderungen. Deshalb:

Pflegt eure Pfoten!

Ihr könnt ganz einfach eine Creme selber machen, die eure Haut vor herbstlichen Umwelteinflüssen schützt. Du brauchst:

- 15 g Kokosfett
- 15 g Olivenöl
- 10 g Bienenwachs
- 5 g Sheabutter
- 1 TL Honig
- 1 TL Hanföl
- 10 Tropfen ätherisches Öl

Alle Zutaten außer das Öl in einen Topf packen und bei mittlerer Hitze ständig umrühren, bis eine homogene Masse entsteht. Das Öl dient nur dem Duft, und weil der Hund die bessere Nase hat, darf er aussuchen, welches es sein soll! Tropfe das Öl in die geschmolzene Masse, rühre noch einmal kräftig um und fülle dann alles in einen oder mehrere verschließbare Behälter. Beim Abkühlen verfestigt sich die Masse zu einem pflegenden Balsam, der Nase und Pfoten deines Hundes sowie deine Haut geschmeidig hält.

Buh! Na, hast du dich erschrocken? Im Gegensatz zu uns Menschen stehen die meisten Hunde nicht so sehr darauf, sich zu verkleiden und zu verstecken. Worauf aber alle stehen: Gutes Essen!

Kocht euch eine gruselig-leckere Kürbissuppe!

Kürbis ist kalorienarm, fördert die Verdauung und steckt voller gesunder Vitamine und Nährstoffe. Die perfekte Mahlzeit, um euch beide auf die Schrecken der Halloweennacht vorzubereiten! Du brauchst:

- Einen kleinen Kürbis
- Eine Scheibe Ingwer
- Eine dicke Scheibe Sellerie
- 750 ml Brühe
- 125 ml Kokosmilch
- 1 EL Olivenöl
- 1 TL Kurkuma
- Eine Prise Salz

Den Kürbis schälen und entkernen. Kürbis, Sellerie und Ingwer in Stücke schneiden und in Olivenöl anbraten. Mit Brühe ablöschen und bei mittlerer Hitze ca. 30 Minuten lang köcheln. Wenn alles weichgegart ist, Topf vom Herd nehmen, Kokosmilch, Kurkuma und Salz hinzufügen und mit einem Stabmixer zu einer cremigen Suppe pürieren. Zum Schluss nochmal kurz aufkochen.

Die fertige Suppe kannst du vor dem Servieren mit gerösteten Kürbiskernen und Kürbiskernöl garnieren – beides ist sowohl für dich als auch für deinen Hund supergesund. Lasst es euch schmecken!

ACHTUNG: Für den Hund darf es wirklich nur eine kleine Prise Salz sein. Deine eigene Portion darfst du vor dem Essen noch nachsalzen und – wenn du magst – mit etwas Chili-Schärfe aufpeppen.

Was ist das Beste am Winter? Ohne Frage: der Schnee! Ab mit euch nach draußen ins kühle Weiß und ***baut gemeinsam einen Schneemann und einen Schneehund.*** Ist ja wohl klar, immerhin geht's in diesem Buch um dich und deinen Hund.

Baut euer Abbild aus Schnee nach. Das perfekte Team, nur in eiskalt. Wenn dein Hund das Ballspielen aus Kapitel 3 schon perfekt beherrscht, kann er dir helfen, indem er die Schneebälle vor sich her rollt und immer größer macht. Ansonsten musst du vermutlich den Hauptteil der Arbeit übernehmen, aber es wird sich lohnen. Vergiss nicht auf die Details wie Augen, Nase und Schweif zu achten!

Schon gewusst? Schnee fressen ist keine gute Idee für den Hund (für dich übrigens auch nicht). Die Magenschleimhaut kann sich durch die plötzliche Abkühlung und Verunreinigungen wie Rollsplitt oder Salz entzünden. Das Ergebnis heißt dann Schnee-Gastritis.

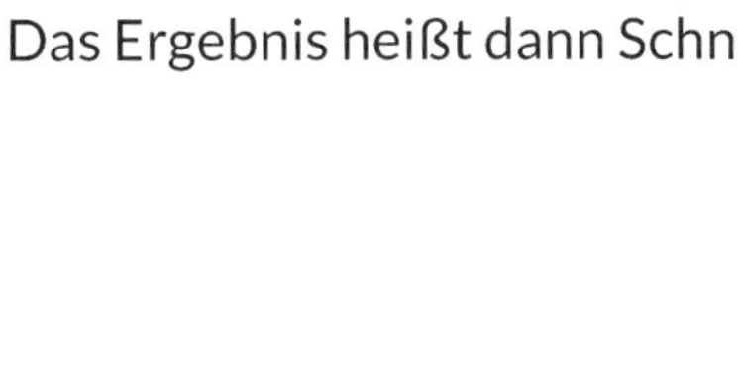

Hier sind unsere eiskalten Doppelgänger:

Wir in cool.

Die schönste Zeit des Jahres steckt für Hunde voller Gefahren: Offenes Feuer, geschmückte Bäume (an die man nicht pinkeln darf) und bunte Pakete auf dem Boden, in denen viel zu oft nicht mal Hundespielzeug drin ist. Aber das Schlimmste sind die vielen verlockenden Düfte nach Essen, das der Hund nicht haben darf, weil der Mensch irgendwie überall Schokolade, Marzipan, Zucker oder sonst was Giftiges reinpacken muss. Doof! Knurr! Aber du bist auch an Weihnachten ein guter Hundehalter und möchtest die Freuden mit deinem Liebling teilen, deshalb:

Back deinem Hund Vanillekipferl!

Für den Weihnachts-Klassiker in Hunde-Edition brauchst du:

- 100 g Mehl nach Wahl
- 45 g gemahlene Haselnüsse
- 1 Ei
- 1 TL Olivenöl
- Mark einer Vanilleschote
- 1 Schuss Ahornsirup oder Honig
- Etwas Wasser

Die Zutaten kannst du alle zu einem Teig vermengen und daraus Kipferl formen, die zur Größe deines Hundes passen. Dann bei 180 Grad Umluft backen, bis sie vollständig durch sind. Die noch warmen Kipferl in Kokosraspeln wälzen, damit sie auch wirklich wie Vanillekipferl aussehen.

Übrigens: Die Vanillekipferl schmecken auch Menschen, aber iss ihm nicht alles weg.

116 Silvester

Mal ehrlich: Silvester ist für die meisten Hunde nicht der Lieblingstag des Jahres. Es ist laut, es riecht komisch und es blitzt überall. Augen zu und durch ist die Devise! Vielleicht fährst du mit deinem Liebling sogar extra an einen ruhigen Ort, um ihm den Stress zu ersparen. Braver Mensch! Aber auch, wenn ihr die letzte Nacht des Jahres zuhause verbringt, kannst du es ihm etwas angenehmer machen.

Verbringt den Abend so stressfrei und angenehm wie möglich.

- Lass die Rollläden runter oder zieh die Vorhänge zu, um die bunten Lichter auszusperren.
- Dreh den Fernseher oder die Musikanlage laut auf, um die Knallerei auszublenden.
- Biete deinem Hund eine kuschelige Versteckmöglichkeit.
- Bleib selbst entspannt und gibt deinem Hund nur Trost, wenn er danach verlangt.
- Versuche, deinen Hund mit Denk- oder Suchspielen oder einem Kauspielzeug abzulenken. Sei aber nicht böse, wenn er dafür keinen Kopf hat.

Und vor allem: Geht nach Einbruch der Dunkelheit nicht mehr nach draußen! Am besten erledigt ihr euren letzten Spaziergang am frühen Nachmittag und ausschließlich an der Leine.

Schon gewusst? Beruhigungsmittel an Silvester sind keine gute Idee! Zumindest nicht für den Hund – denn viele Medikamente stellen ihn körperlich ruhig, während er trotzdem alles mitbekommt. Die Folge: Dein Hund hat riesigen Stress und kann ihn nicht ausdrücken, was zu noch mehr Stress führt.

Neujahr 117

Silvester ist überstanden und ihr könnt endlich ins neue Jahr starten. Das macht ihr direkt mit einem Knall – aber einem, der in den Hundeohren nicht schmerzt.

Macht heute etwas, das ihr noch nie zuvor gemacht habt! Das kann etwas aus diesem Buch sein. Oder ihr bleibt einfach mal bis mittags im Bett. Oder ihr esst etwas, das ihr noch nie zuvor gegessen habt. Oder ihr geht an einem ganz besonderen Ort spazieren. Hauptsache, ihr macht etwas Besonderes aus diesem Tag und läutet damit ein Jahr voller Abenteuer ein.

118 Davon habt ihr euer ganzes gemeinsames Leben etwas!

Dein Hund ist nicht nur ein Haustier. Er oder sie ist ständiger Begleiter, bester Freund, Familienmitglied, Seelentröster und noch so viel mehr. Deshalb gilt diese Aufgabe das ganze Hundeleben lang:

Sag deinem Hund jeden Tag mindestens einmal, wie lieb du ihn hast!

Und weil die meisten Vierbeiner unsere Sprache nur eingeschränkt beherrschen, ist es noch viel besser, es ihm zu zeigen. Indem du ihm ein langes, glückliches, gesundes Leben voller Abenteuer, Streicheleinheiten und gemeinsamer Momente schenkst. Und Leckerlies. Viele Leckerlies!

Bevor du das Buch weglegst, noch eine Bitte!

Es gibt viele tausend Ratgeber und oft ist es schwer, den für sich passenden zu finden. Hilfreich sind hierbei ehrliche und aussagekräftige Rezensionen. Daher ist unsere Bitte:

Hilf anderen Kunden, unseren Ratgeber zu finden und erleichtereihnen die Kaufentscheidung.

Nimm dir einen Moment Zeit und logge dich auf Amazon ein. Navigiere zu »Meine Bestellungen« und klicke neben dem Buchtitel auf »Schreiben Sie eine Produktrezension«.

Vielen Dank!

PS: Bei weiteren Fragen oder Anregungen erreichst du uns auch unter verlags.kontakt@gmail.com.

Du hast eine besondere Expertise im Bereich Hundeerziehung und möchtest dein Wissen als BuchautorIn weitergeben? Dann freuen wir uns auf Deine Bewerbung unter verlags.kontakt@gmail.com

Adobe Stock Material:

© Aliaksei Lasevich #89152160
© Animado #614696761
© ari #378896193, #378896289
© ARVD73 #486426887
© bigtown #591580118
© dark_blade #616238745
© Drazen #604004095
© eldadcarin #52330389
© Evrymmnt #419184325
© fesenko #100708076
© frilled_dragon #90773358
© GarkushaArt #448260666, #410387502
© inspiretta #610114279
© Knopp-Pictures #16042472
© KRISTINA KUPTSEVICH #628552453
© Mihail #371290954
© Natalia #525121452
© Omeris #594264212
© Pixel-Shot #487466718
© sipcrew #290216111
© Soloviova Liudmyla #148832028
© tamaratelkes #568094868
© Valenty #373569736

Rechtlicher Haftungsausschluss: Dieses Buch enthält Meinungen und Ideen des Autors und hat die Absicht, Menschen hilfreiches und informatives Wissen zu vermitteln. Die enthaltenen Anleitungen passen möglicherweise nicht für jeden Anwendungsfall, daher besteht keine Garantie, dass diese problemlos funktionieren. Die Benutzung dieses Buches und die Umsetzung der darin enthaltenen Informationen erfolgen ausdrücklich auf eigenes Risiko. Haftungsansprüche gegenüber dem Verleger und Autor für Schäden materieller oder ideeller Art, die durch die Nutzung fehlerhafter und / oder unvollständiger Informationen verursacht wurden, sind ausdrücklich ausgeschlossen. Das Werk – inklusiver aller Inhalte – gewährt keine Garantie oder Gewähr für Aktualität, Korrektheit, Vollständigkeit und Qualität der bereitgestellten Informationen. Druckfehler und Fehlinformationen können nicht vollständig ausgeschlossen werden. Bei gesundheitlichen Fragen, Beschwerden oder Problemen konsultieren Sie immer Ihren Arzt!

DU UND DEIN HUND
VERLAG

Zenit Verlagskreis LLC,
30 N Gould St Ste N, 82801 Sheridan, Wyoming, USA
Layout & Satz: Julia Grün

1. Auflage 2023
978-3-911040-18-1

Printed in Germany
by Amazon Distribution
GmbH, Leipzig

35397147R00103